New Britain Public Library

NEW BRITAIN PUBLIC LIBRARY
NOT TO BE REPLACED

# LETTRE DES ILES
# BALADAR

Texte de JACQUES PRÉVERT

Dessins d'ANDRÉ FRANÇOIS

le point du jour — nrf

Copyright Text and Illustrations by librairie Gallimard, 1952.

Autrefois, et cela fait déjà longtemps, au beau milieu des quatre coins du monde, il y avait des îles protégées par la Mer.

C'étaient ses îles défendues, elle les appelait les Iles Préférées. De temps à autre, mais assez rarement, un hardi navigateur muni d'une longue-vue de haute précision voyait au loin surgir l'une d'elles, ensoleillée, mais à peine avait-il crié : Terre ! qu'aussitôt elle disparaissait dans un brouillard instantané et tout aussi vite c'étaient déjà la tempête, les cyclones et les tornades, les typhons, les lames de fond.

Et comme les marins ont autre chose à faire en mer que de faire naufrage tous les jours ils n'allaient pas plus loin dans leur exploration.

Ils appelèrent ces îles les îles Baladar, parce que, disaient-ils, elles ne tenaient pas en place et se bornèrent à inscrire, au hasard des rencontres, quelques noms sur leurs cartes.

Et c'étaient l'île A Part, l'île Subito Presto ou l'île Incognito.

Suivant leur humeur du moment, suivant le bon ou le mauvais temps, ils les traitaient différemment. Un jour ils les appelaient les Défensives, les Méfiantes, les Redoutables, les Imprévues, les Intraitables, les Farouches, les Fugitives.

Un autre jour, c'étaient les Primitives, les Ingénues, ou les îles Fériées, les îles Liberté, les îles Rêvées, les îles Sans Arrière-Pensée.

Et puis leurs noms furent effacés, les cartes déchirées comme de vieilles cartes à jouer et l'on ne parla plus nulle part de l'Archipel Baladar.

Pourtant, à la veillée, de vieux marins remuant de vieux souvenirs, en souriant, buvaient un verre à la santé des îles Oubliées.

Seule, la plus petite des îles Baladar était de tout temps passée inaperçue et son nom n'avait été gravé sur aucune carte.

Pourtant c'était l'île la plus proche de la terre, mais les gens du Grand Continent n'y prêtaient aucune attention et l'appelaient l'île Sans la moindre importance, ou la Petite île de rien du tout.

Les indigènes y vivaient très heureux et les enfants chantaient du matin au soir une petite chanson des îles Baladar :

> Un bateau arrive l'île s'approche
> Un bateau s'en va l'île s'éloigne
> Et quand il n'y a pas de bateau du tout
> L'île reste là tranquille comme tout.

Et dans cette petite île qui n'avait l'air de rien, il y avait des oiseaux et des animaux beaux comme tout et toujours des poissons tout autour. Aussi, beaucoup étaient pêcheurs parmi les habitants et ceux qui n'étaient pas pêcheurs étaient planteurs ou agriculteurs à cause des piments doux, à cause des figuiers, à cause des cocotiers, à cause du blé noir, des amandes vertes et des fraises des bois.

Mais on ne rencontrait jamais de jardiniers. Il y avait tellement de fleurs que, des jardiniers, il en aurait fallu des milliers.

On ne voyait jamais non plus de petites fleuristes devant leur petit éventaire ni de grands parfumeurs dans leurs grands magasins.

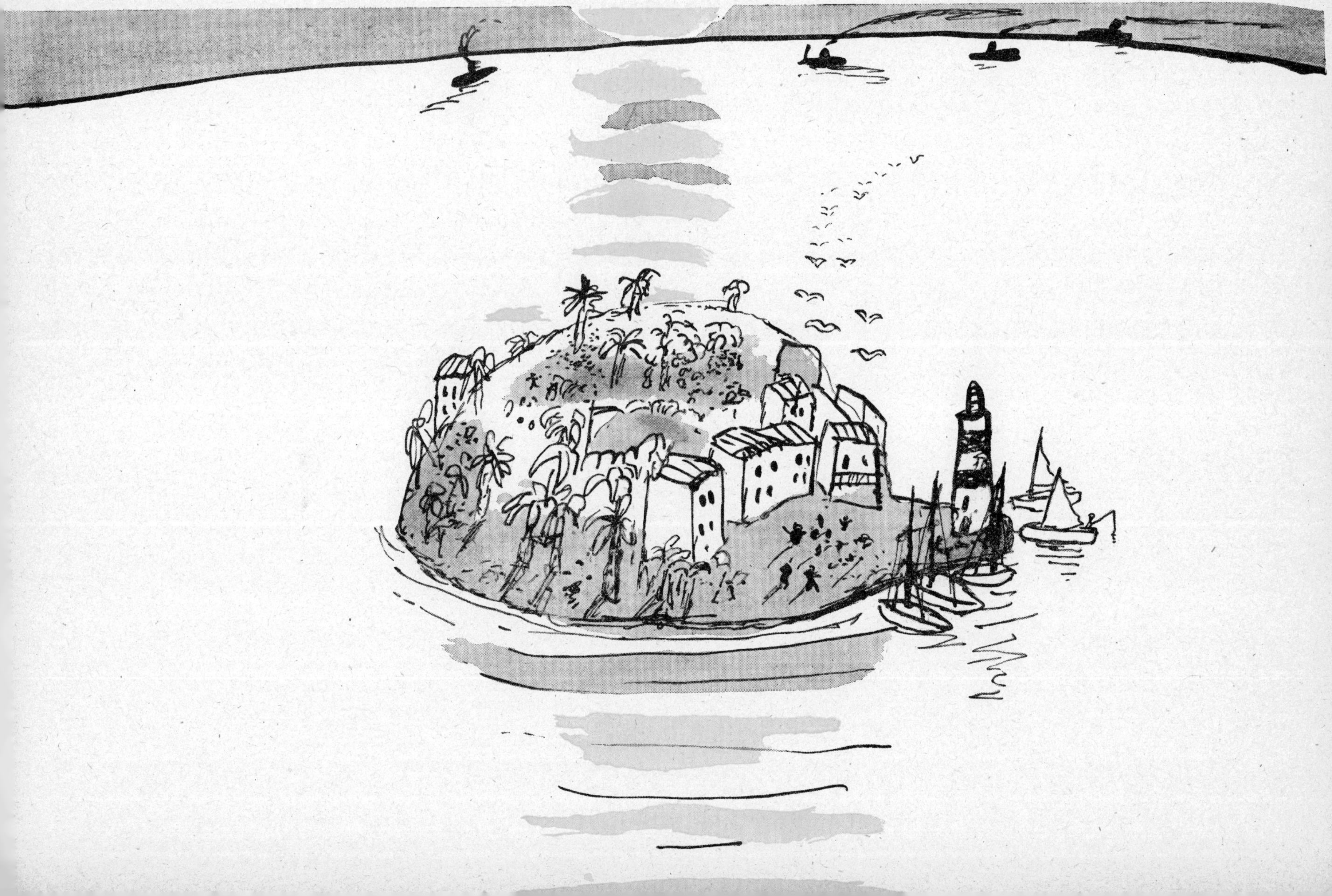

Leur parfum, les fleurs le donnaient pour rien.

Il n'y avait pas non plus de cuisiniers, de juges, de boulangers, de poètes ni de musiciens.

Les indigènes faisaient eux-mêmes leur cuisine, leur justice, leur musique, leur poésie et leur pain.

Mais il y avait un balayeur qui était chargé de la Municipalité.

Il n'était pas natif de l'île où il avait simplement un jour débarqué, tenu en laisse par un touriste qui l'avait acheté pour trois fois rien, au cours d'une croisière aux îles Fagotin où, paraît-il, autrefois, vivaient très libres et très heureux de grands singes sages, très drôles et tout bleus. Il était devenu très vite le plus rapide de tous les balayeurs de toutes les îles Baladar. Et tout était toujours si propre, les petites rues et la grande place, le port et l'avant-port, les quais et puis les digues, qu'on pouvait se demander si tout cela avait jamais eu le temps de se salir un peu vraiment.

On l'appelait Quatre-mains-à-l'ouvrage. Quand il avait fini son travail, c'est-à-dire à peine l'avait-il commencé, il se couchait dans son hamac et le vent de la mer et le chant des oiseaux le berçaient. Alors il s'endormait et plein d'espoir rêvait un sage songe de singe, rêvait que tout serait toujours pareil, aussi simple, aussi vrai, aussi beau et nouveau qu'avant.

Tout était calme et gai et le bonheur se promenait dans l'île comme un enfant du pays.

De temps à autre, un grand perroquet bleu ou blanc ou rouge apportait des nouvelles du Grand Continent.

C'étaient toujours les mêmes, toujours les mêmes anciennes nouvelles de guerre et d'argent et personne n'écoutait le grand perroquet bleu rouge ou blanc.

Mais quand un dromadaire, sans rien dire, traversait la Grande Place, du pas lent des dromadaires qui parfois s'accélère quand ils sont pressés, un indigène, souvent, l'appelait.

Et il lui offrait un verre de rhum et une tasse de café.

C'était par pure politesse, car il savait, du dromadaire, la légendaire sobriété.

Par pure politesse, lui aussi, le dromadaire se croyait obligé d'accepter, buvait quelques verres de rhum et quelques verres de café.

Et disait même, en titubant, prenant congé, que ce n'était pas du tout tellement mauvais.

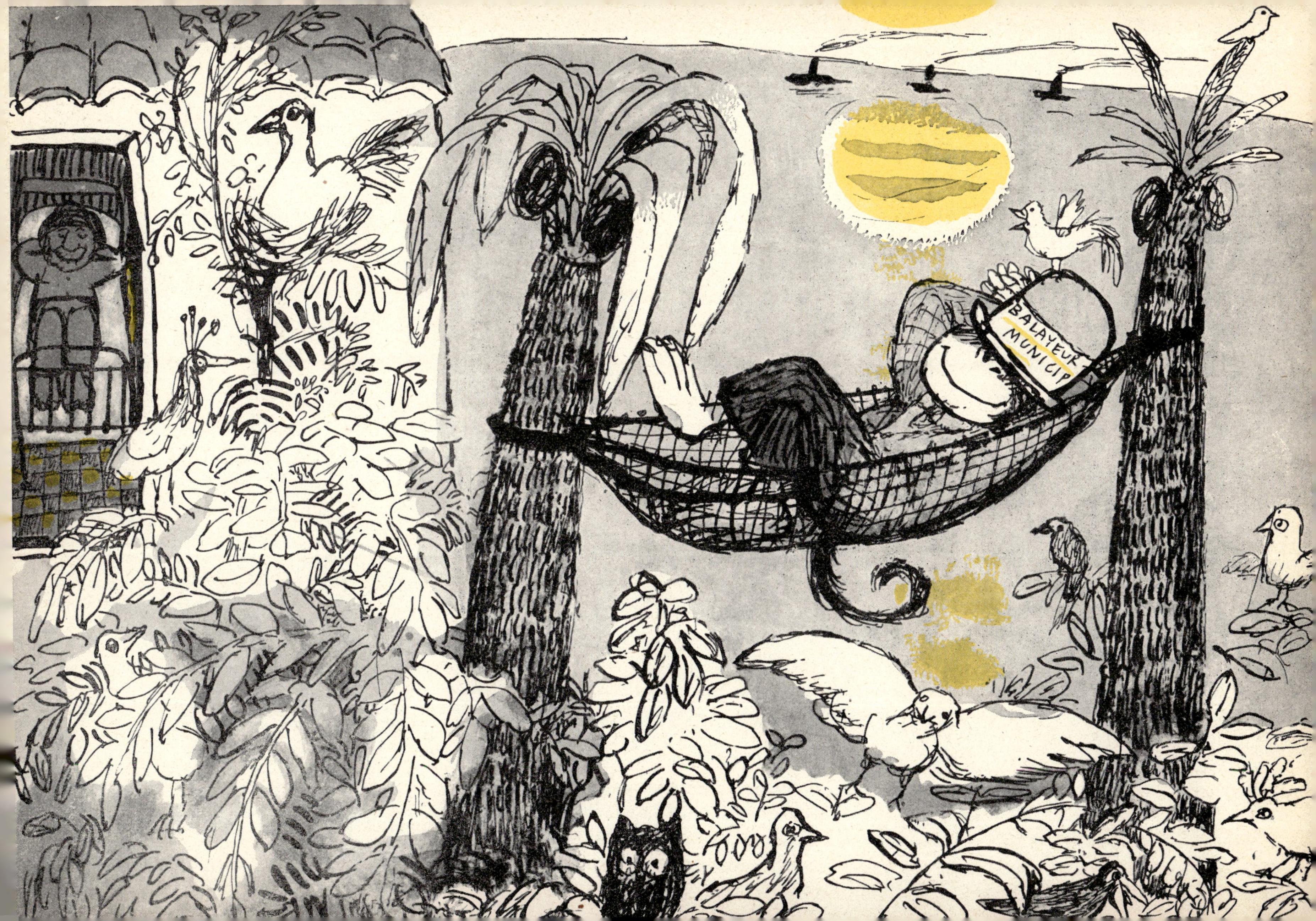
BALAYEUR
MUNICIP

Comme le dromadaire, le temps passait sans se presser et la pluie et le beau temps causaient avec les indigènes sur le pas de leur porte.

De temps en temps, le mauvais temps se mêlait à la conversation, il avait une voix de tonnerre, cassait les vitres en parlant et la pluie riait aux éclats.

Les indigènes riaient en même temps.

— Ça va, disaient-ils. Le mauvais temps est de la fête, la chasse va commencer !

Ils parlaient de la chasse à l'élan, la seule chasse qu'ils aimaient.

C'était une chasse heureuse, un proverbe de l'île le disait : Quand le temps fait le vilain, l'élan fait le beau !

Ce qui voulait tout simplement dire : lorsque le brouillard obscurcit la montagne, l'élan s'ennuie là-haut et descend dans la vallée pour se changer les idées.

Et le nez contre la vitre brisée, le chasseur guettait le gibier, et quand le gibier arrivait les chiens allaient se coucher.

Alors le chasseur, quand le vent se calmait un peu, sortait de chez lui avec une bougie parce que c'était la nuit, prenait son élan et rentrait chez lui. Et l'élan restait là, la plupart du mauvais temps, et s'amusait avec les enfants.

Et quand le mauvais temps remettait son grand chapeau de paille de printemps, l'élan retournait dans la montagne en chantant.

En même temps que le beau temps, revenait le grand perroquet tout emplumé multicolore, avec un vieux marchand de journaux, dans une barque plus vieille encore.

Et, les ailes déployées, le perroquet chantait très fort :

— Demandez les nouvelles, vous m'en direz des nouvelles !

Mais le vieux marchand de journaux, depuis le temps qu'il en vendait, ne croyait rien de ce qu'il y avait dedans et c'est en clignant de l'œil et en riant qu'il criait d'une voix cassée comme une vieille porcelaine cent fois raccommodée :

        Demandez les Nouvelles du Grand Continent
        Demandez le Charlatan demandez le Transigeant
        Demandez les Échos de la caverne et de la caserne des brigands !!!

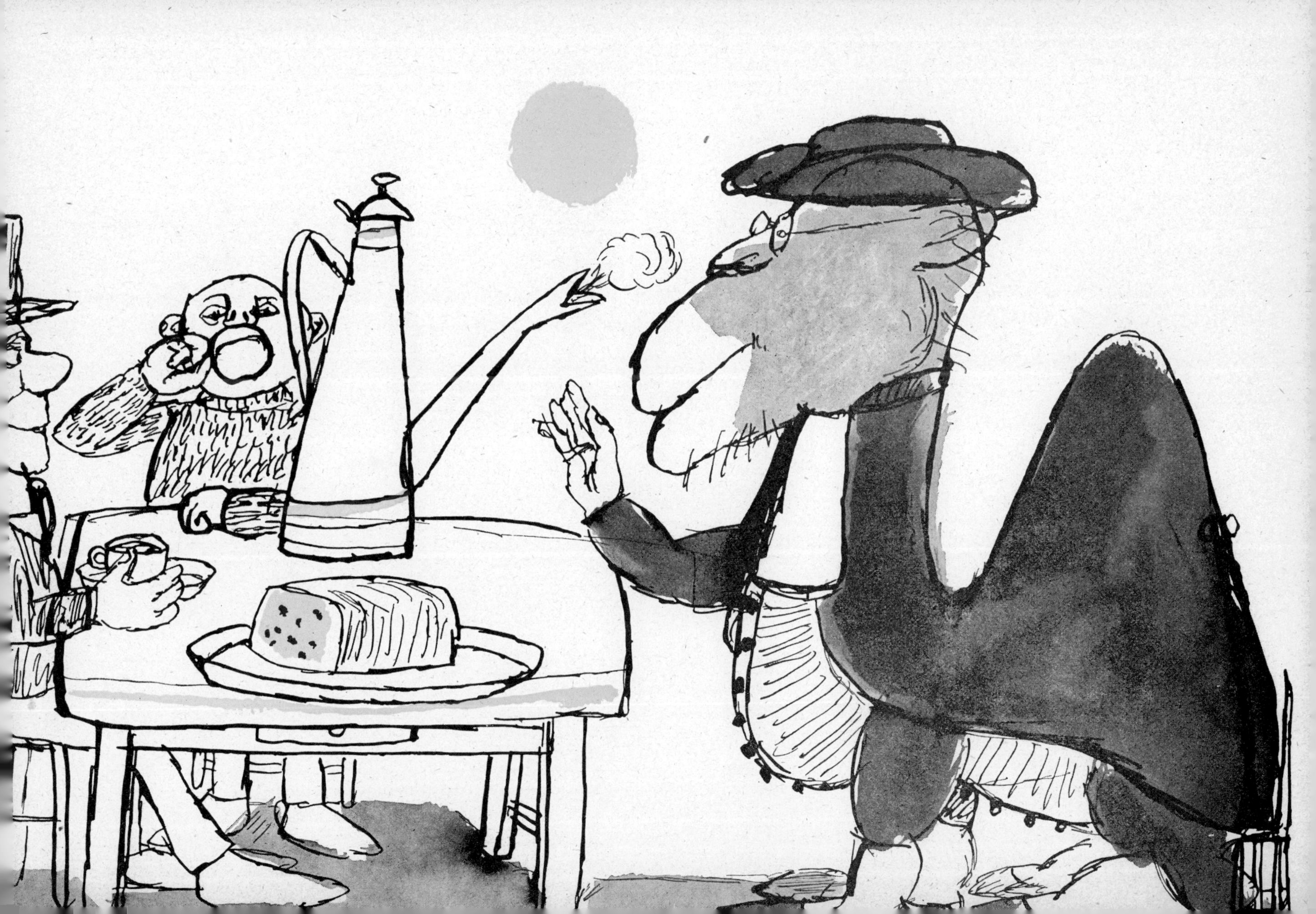

Il savait bien que les habitants de l'île ne lisaient jamais les choses imprimées, mais que chaque année, quand il venait, ils lui achetaient tous ses journaux, sans jamais lui demander de quel jour ou de quelle année ils étaient, tout simplement pour l'aider un peu à vivre et parce qu'il ne venait pas souvent. Comme ils n'avaient jamais de monnaie, ils le payaient avec des poissons fumés, du tabac, des bananes, des confitures de rose, des oranges, des colliers de coquillages et il s'en allait très content.

On lui disait au revoir de la main en jetant de l'autre les journaux sur le quai où Quatre-mains-à-l'ouvrage les balayait et les brûlait. Cela faisait un joli feu de joie et les enfants dansant autour chantaient en imitant la voix du grand perroquet :

Demandez les nouvelles, demandez les nouvelles !

Le grand perroquet profondément vexé haussait les ailes et s'envolait, noir de fumée, vers le Grand Continent, avec les cendres des dernières nouvelles emportées par le vent.

Comme cela, très souvent, c'était la fête à la moindre occasion.

Quand ce n'était pas un feu de joie, c'était une course d'élans, des fontaines lumineuses ou un grand concours de cerfs-volants, car les indigènes tout en travaillant la terre, tout en roulant sur la mer, n'oubliaient jamais, qu'eux aussi, avaient été des enfants.

Et c'étaient aussi des fêtes pour les grands, par exemple quand la pêche au thon était bonne, on donnait sur la Grande Place un grand concert de thons, car dans ces régions, c'était toujours le thon qui faisait la chanson.

Et les thons qui avaient le mieux chanté ou le mieux joué de la trompette ou du mirliton, on les rejetait à la mer avec une Médaille d'Or faite du même métal que celui qui servait à faire les hameçons.

Les autres, on les mangeait. Cela ne devait pas leur être très agréable, mais fort heureusement, c'est une chose qui n'arrive qu'une seule fois dans la vie.

Il arrivait parfois aussi qu'un indigène tombait de sa barque à pêcher et qu'à peine venait-il de tomber, avec une très grande faim des requins arrivaient.

JOURNAL
MUNICIPAL
JOURNAL
AUJOURD'HUI CONCERT DE THON
ECHO DE L'ILE

Et jamais l'indigène ne disait : Ce sont des choses qui n'arrivent qu'à moi !

Il savait que ce sont des choses qui pourraient arriver à tout le monde entier.

Et une autre fois, un autre indigène, d'un cocotier trop haut, la tête la première, tombait sur une terre trop dure et en mourait. Les autres disaient : les noix l'ont mangé ! Et la fête s'arrêtait mais la musique continuait, aussi simple et triste qu'elle était, la veille, simple et gaie.

Et sur cette musique triste les indigènes chantaient :

> Quelqu'un est tombé du Manège
> Mais le Manège n'arrête pas de tourner ! *

Et la famille de celui qui était tombé, en allé, disparu, noyé, mangé, tous les habitants de l'île faisaient l'impossible pour l'aider, la consoler.

Et les derniers échos du Manège de la Petite île de rien du tout se mêlant aux refrains de la mer s'en allaient vers le Grand Continent.

Tristes ou gais, le plus souvent ces échos indisposaient la plupart des gens, surtout les gens de Tue-Tue-Paon-Paon, la capitale du Grand Continent, où vivaient des chasseurs de paons. C'était la grande industrie du pays ; à la porte d'un grand abattoir on pouvait lire la raison sociale de ce très important établissement : Tue-Tue-Paon-Paon, commission exportation.

Là, on tirait les paons à la chaîne.

Ils arrivaient en camion, faisaient la roue et, assis sur leur pliant, les chasseurs faisaient des cartons, cinquante ou soixante paons à la minute, suivant les exigences de l'exploitation.

Et là, plus que partout ailleurs, les cris des paons étaient déchirants. A les entendre on aurait dit qu'ils devinaient qu'on ne les tuait même pas pour les manger mais simplement pour les empailler, les emballer et les expédier dans les contrées les plus éloignées comme ornements pour les salons ou comme dessus de cheminée.

* Le Manège, en patois du pays cela voulait dire la Vie.

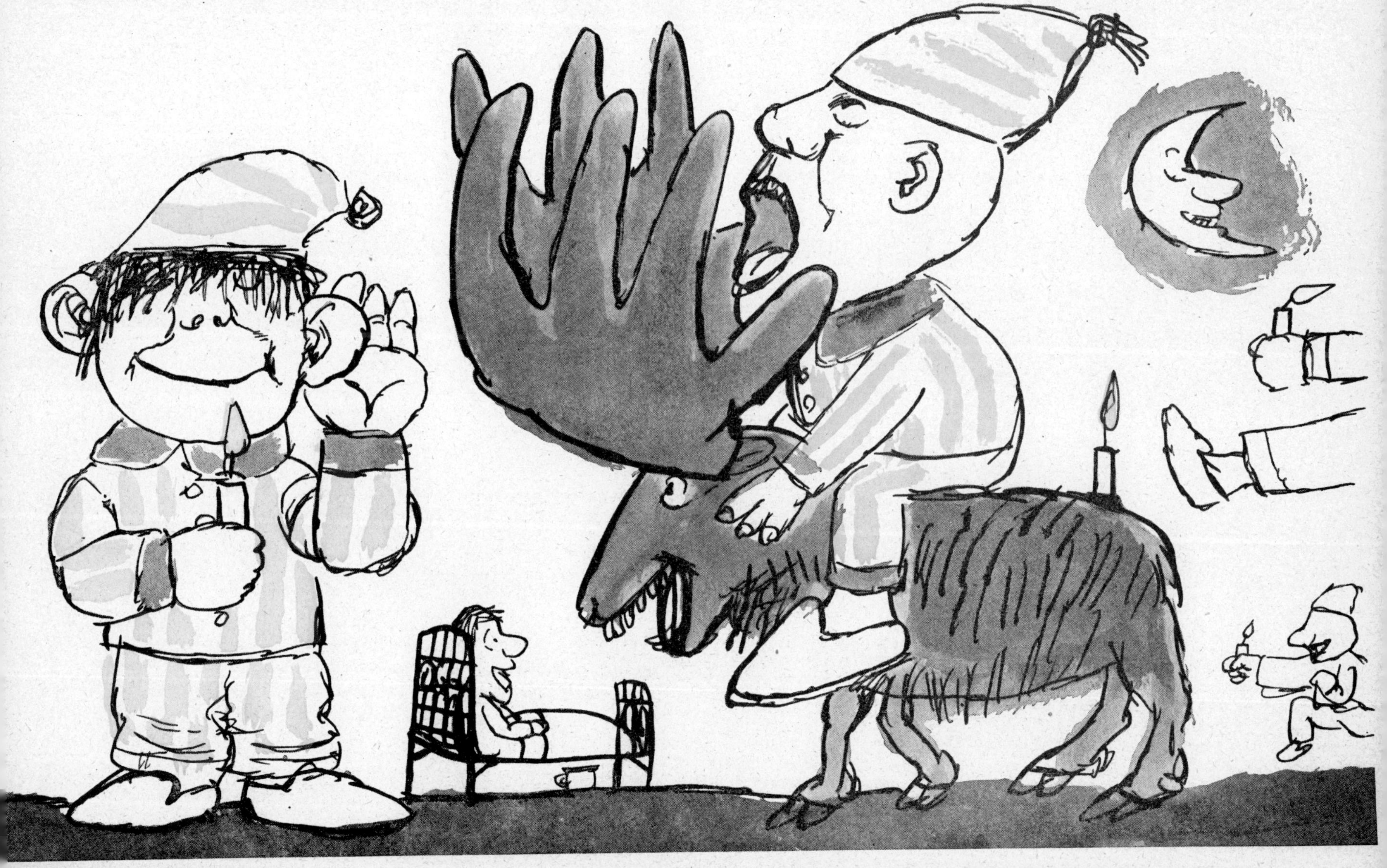

Un jour, un empailleur de paons débarqua dans la petite île avec tout un stock de paons empaillés et en fort mauvais état, par-dessus le marché.

Il s'installa sur le quai et n'arrêta pas de crier :

— Demandez les paons... grande baisse de paons sur le Grand Continent... qui n'a pas son paon... le plus beau des objets d'art dans le plus modeste des logements... qui n'a pas son paon... qui n'a pas son paon !

Les indigènes qui pensaient que toute question mérite réponse, surtout quand elle est posée trop souvent, lui dirent en souriant :

— C'est nous qui n'avons pas de paons, puisque vous tenez à le savoir, et même nous n'avons aucune envie d'en avoir, nous préférons les oiseaux vivants.

Et comme l'empailleur dépité commençait à grincer des dents tout en promenant un peu partout un regard investigateur et rusé, soudain ses dents s'arrêtèrent de grincer.

Il eut même un petit sourire car il venait de découvrir que les hameçons des pêcheurs de thon étaient en or, et en or pour de bon.

Et comme Quatre-mains-à-l'ouvrage balayait en un rien de temps les plumes des paons mangées aux mites et autres insectes du Grand Continent, l'empailleur, en ce rien de temps, put voir, du coup d'œil du connaisseur, que le fer de la pelle de ce modeste travailleur brillait du même éclat que les hameçons d'or des pêcheurs.

— Tout est en or et personne n'en sait rien, j'ai découvert l'Ile au Trésor ! dit-il entre ses dents et il disparut en coup de vent.

Bientôt, la bonne nouvelle, comme une traînée de poudre d'or, se répandit dans Tue-Tue-Paon-Paon. Mais aussitôt, la ruée vers l'or fut arrêtée. A peine les deux ou trois premiers chercheurs d'or venaient-ils d'embarquer qu'ils furent envoyés par le fond, mitraillés par les chasseurs de paons aux ordres du gouverneur du Grand Continent.

Et l'empailleur qui avait trop vite parlé d'or fut pendu pour avoir eu la langue trop longue, ce qui l'allongea davantage et tout à fait inutilement.

Cependant, des diplomates de pays voisins firent judicieusement observer que l'indépendance de l'île avait été tout récemment proclamée et à l'unanimité, puisque n'intéressant personne, elle n'offrait aucun intérêt.

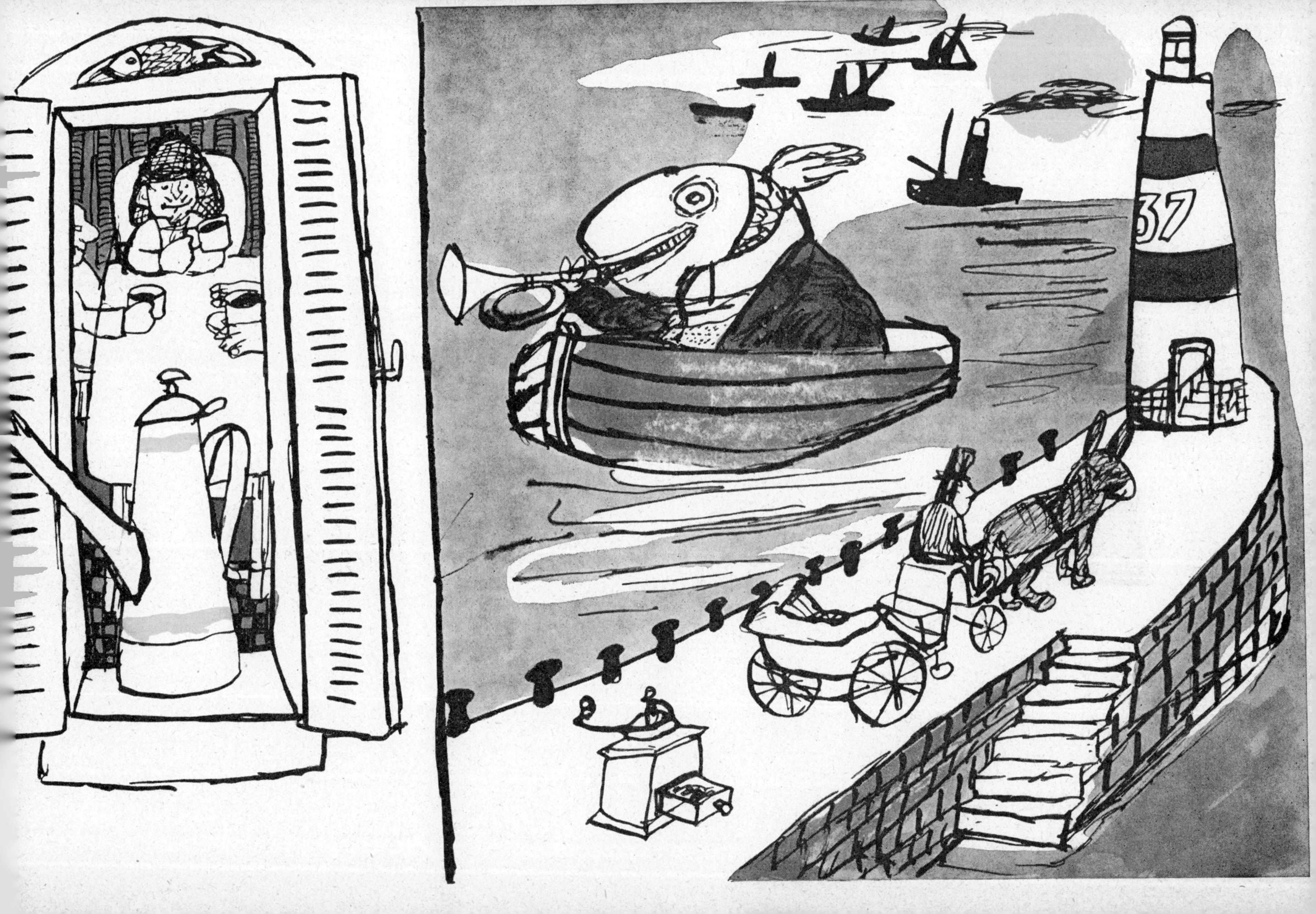
37

Le gouverneur du Grand Continent répondit sagement mais fermement :

— Une île peut être indépendante et nous ne sommes pas peu fiers d'être les premiers à l'avoir proclamé. Mais qui oserait se permettre d'oser essayer d'affirmer qu' « une presqu'île » n'appartient pas au littoral et que le littoral n'appartient pas au Pays !

Et pour relier officiellement la Petite île de rien du tout au littoral de Tue-Tue-Paon-Paon, la construction d'un pont, le grand Pont de la Péninsule, fut décidée.

Et pour hâter cette construction une société fut fondée, la Société de la Presqu'île au Trésor, société à responsabilité sans limite, au capital d'un grand nombre de millions, entièrement versés par souscription nationale obligatoire et accélérée.

Tue-Tue-Paon-Paon devint bientôt le centre d'une extraordinaire animation. On venait de tous les pays pour voir la construction du pont, bâti sur pilotis, tout en acier flottant.

Et les abattoirs de paons, pour ne pas indisposer les touristes, furent relégués dans une région éloignée. Sur leur emplacement, au milieu de l'enthousiasme général, un casino fut inauguré.

Et la musique des tueurs de paons jouait l'hymne national sans arrêt :

> En avant Tue-Tue-Paon-Paon
> En arrière les intrigants
> En avant Tue-Tue-Paon-Paon !

De très lointaines contrées, on avait fait venir des travailleurs spécialisés, mais ils n'étaient pas très gais, sachant bien qu'ils n'auraient pas le droit de débarquer dans l'île, une fois le travail terminé, et devant la promesse d'une médaille d'or en argent contrôlé, aucun d'eux n'éprouvait la moindre fierté. L'arme au pied, les chasseurs de paons les surveillaient. Les bâtisseurs de ponts les détestaient, les méprisaient et se disaient que dans le fond ils étaient faits pour s'entendre avec les pêcheurs de thons.

Tout d'abord, le vacarme heureux de la mer étant plus fort que le bruit des outils, les indigènes de l'île ne s'aper-

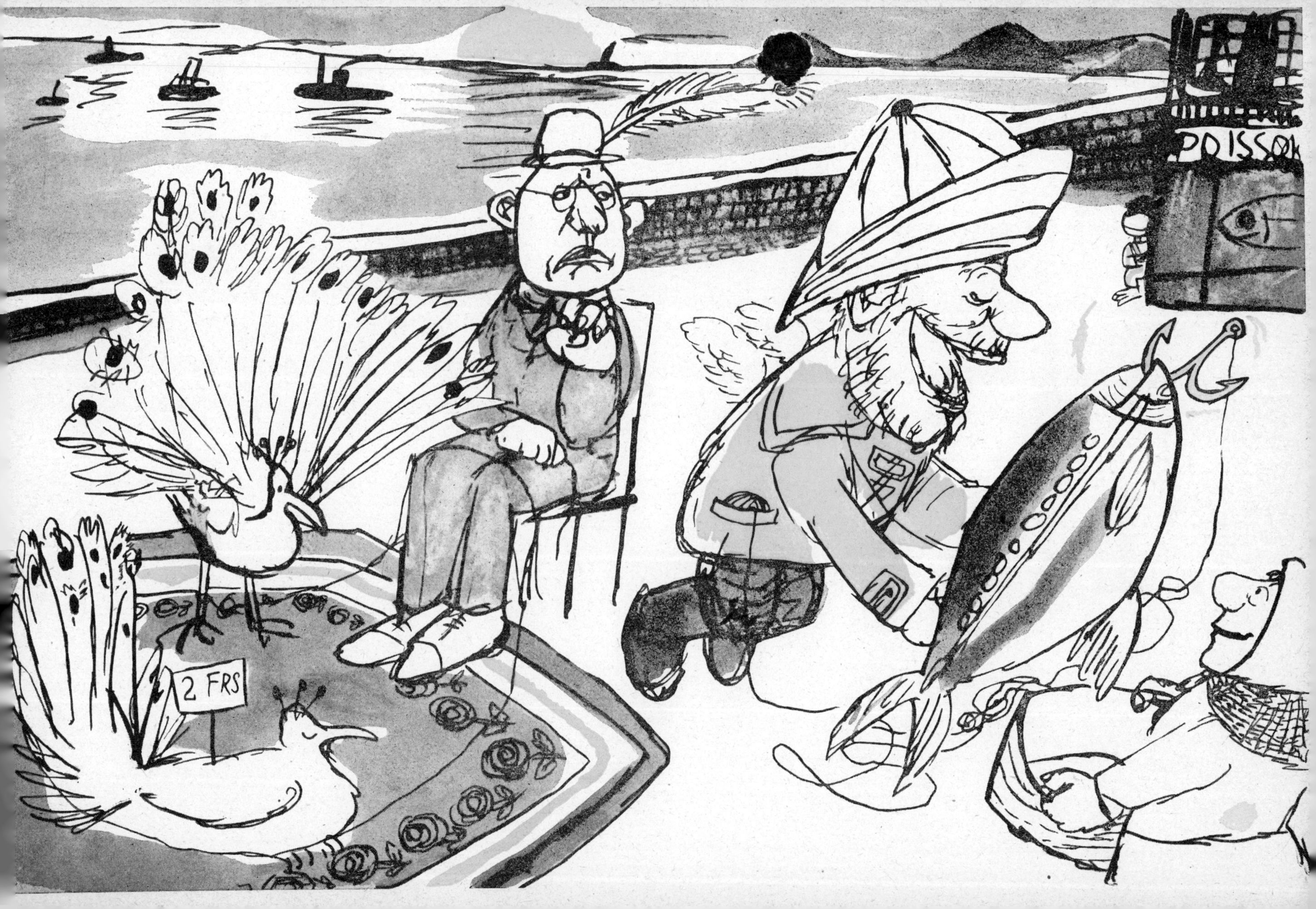
POISSO
2 FRS

çurent de rien mais quand les travaux commencèrent à toucher à leur fin, ils furent très surpris de voir cette grande quantité de ferraille qui s'approchait de l'île.

— C'est sûrement le grand serpent de mer, dit un tout petit enfant, ses écailles brillent dans le soleil et j'ai vu aussi ses yeux qui brillaient dans la nuit !

— Serpent de mer, serpent de terre, serpent de fer, dit un vieux pêcheur de thons, nous n'avons jamais vu cela dans l'île et cela ne présage rien de bon !

Et chaque nuit le serpent approchait.

Ses deux yeux rouges, c'étaient les deux lanternes rouges éclairant la pancarte :

>Attention !
>Travaux bientôt terminés !!
>Activez la construction !!!

Les travaux avançaient.

Ils avançaient tellement vite que les indigènes de l'île chargèrent les pêcheurs de thons d'aller voir de plus près cette chose inquiétante dont ils ignoraient le nom. Et les pêcheurs intrigués observèrent ce grand serpent de mer qui faisait un bruit de chemin de fer.

Ils n'avaient jamais vu de chemin de fer, mais en avaient entendu parler et se disaient que tout ça devait drôlement se ressembler.

Soudain ils devinrent inquiets lorsqu'ils aperçurent, dans sa grande caisse enregistreuse du Trésor, le Grand Trésorier Général de corps d'armée du Trésor entouré de ses gardes du corps.

Et derrière lui, attendaient, confortablement installés dans leur bel autocar bouton d'or, les Actionnaires péninsulaires de la grande Presqu'île au Trésor.

— C'est le vieux qui avait raison, ils ont tous un mauvais visage, un visage qui ne présage rien de bon ! dirent les pêcheurs de thons et quand ils rentrèrent le soir, ils en parlèrent à la maison.

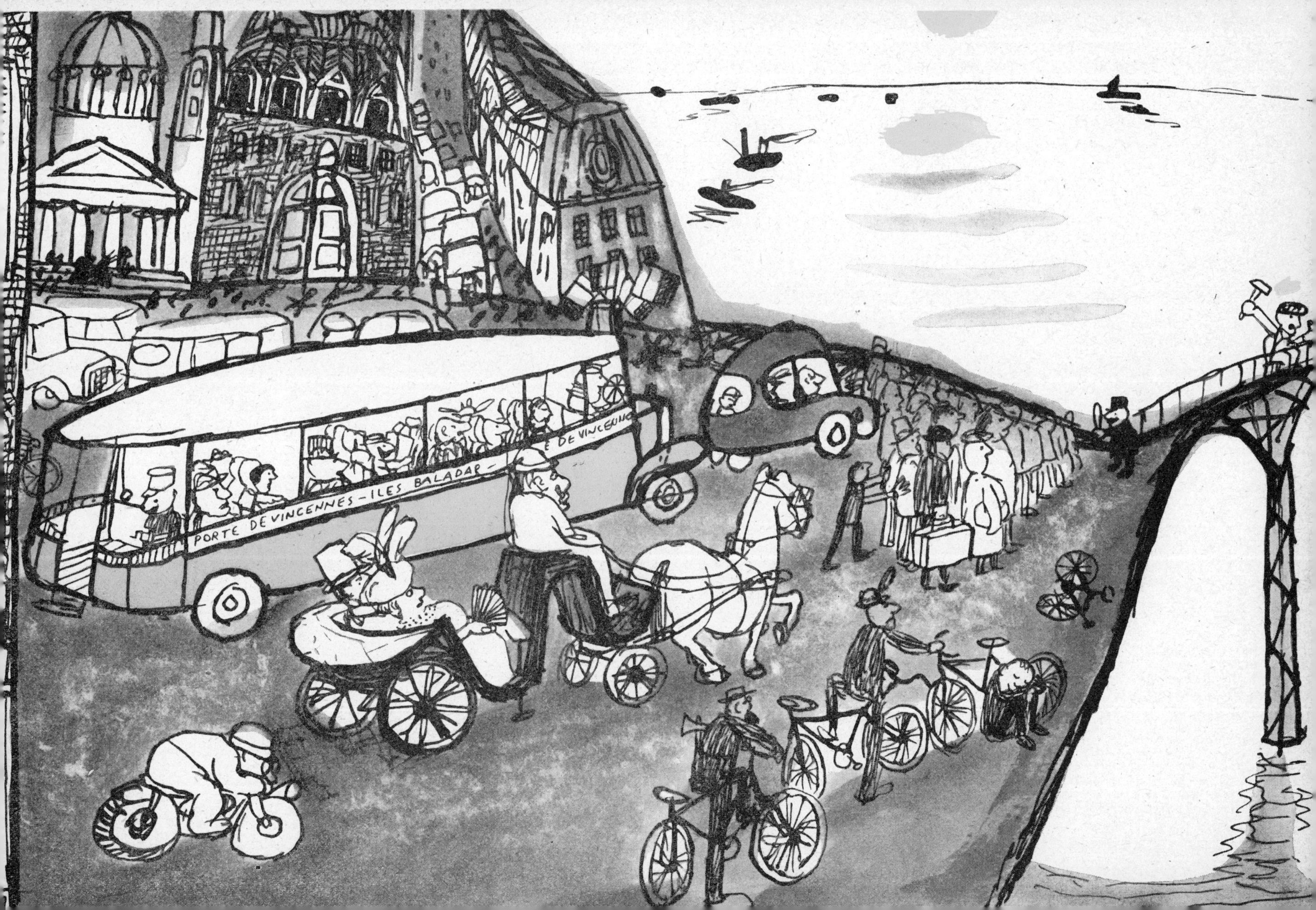
PORTE DE VINCENNES–ILES BALADAR–

Bientôt le pont fut achevé, et dans sa grande caisse enregistreuse et sur son cheval de bataille le Général Trésorier débarqua le premier.

— Dommage qu'il ait l'air triste, il a une si bonne tête ! dit un enfant.

Mais il parlait du cheval et non du Général Trésorier qui, lui, au contraire, souriait ou plutôt faisait semblant. Et son sourire était de glace et pas du tout rassurant.

— A vous faire froid dans le dos, s'il faisait pas si chaud ! dit un indigène en riant, mais un garde du corps lui tirant un coup de fusil dans les pieds lui intima l'ordre de se taire, car le Général Trésorier allait parler. Et le Général Trésorier parla :

— Indigènes, vous pouvez vous réjouir, votre vie va changer, vous n'étiez que de pauvres insulaires, ignorés méprisés, aujourd'hui vous pouvez être fiers, Péninsulaires du Grand Continent, le nom de votre petit pays bientôt sera marqué sur la carte des plus grands restaurants !!!

Péninsulaires, qui viviez dans votre petite île sans savoir ce qu'il y avait dedans, sachez que du fond de cette île quarante milliards d'or vous contemplent et peut-être davantage !!!

Hier encore vous n'étiez que de modestes pêcheurs, agriculteurs et artisans, aujourd'hui je vous nomme : mineurs de la Péninsule du Trésor !!!...

Et comme les indigènes l'avaient écouté en hochant silencieusement la tête, d'un air pas du tout, mais pas du tout content, il ajouta, les menaçant d'un doigt amical, dur et blanc :

— Je sais que vous êtes des primitifs, de grands enfants, mais gardez-vous bien d'oublier qu'à partir d'aujourd'hui vous êtes les grands enfants du Grand Continent... et ceux qui ne seront pas sages, nous les mettrons en pénitence dans un grand pénitencier ! Allez !

Et la fin de son discours fut saluée par des coups de fusil et l'Hymne national de Tue-Tue-Paon-Paon fit entendre son affreux bruit.

Tous les oiseaux s'envolèrent et des fleurs perdirent leurs couleurs, les élans s'enfuirent dans leur montagne, le feuillage cessa de danser dans le vent, et un paon, évadé des abattoirs et qui était venu se réfugier dans l'île, s'envola en poussant son cri déchirant.

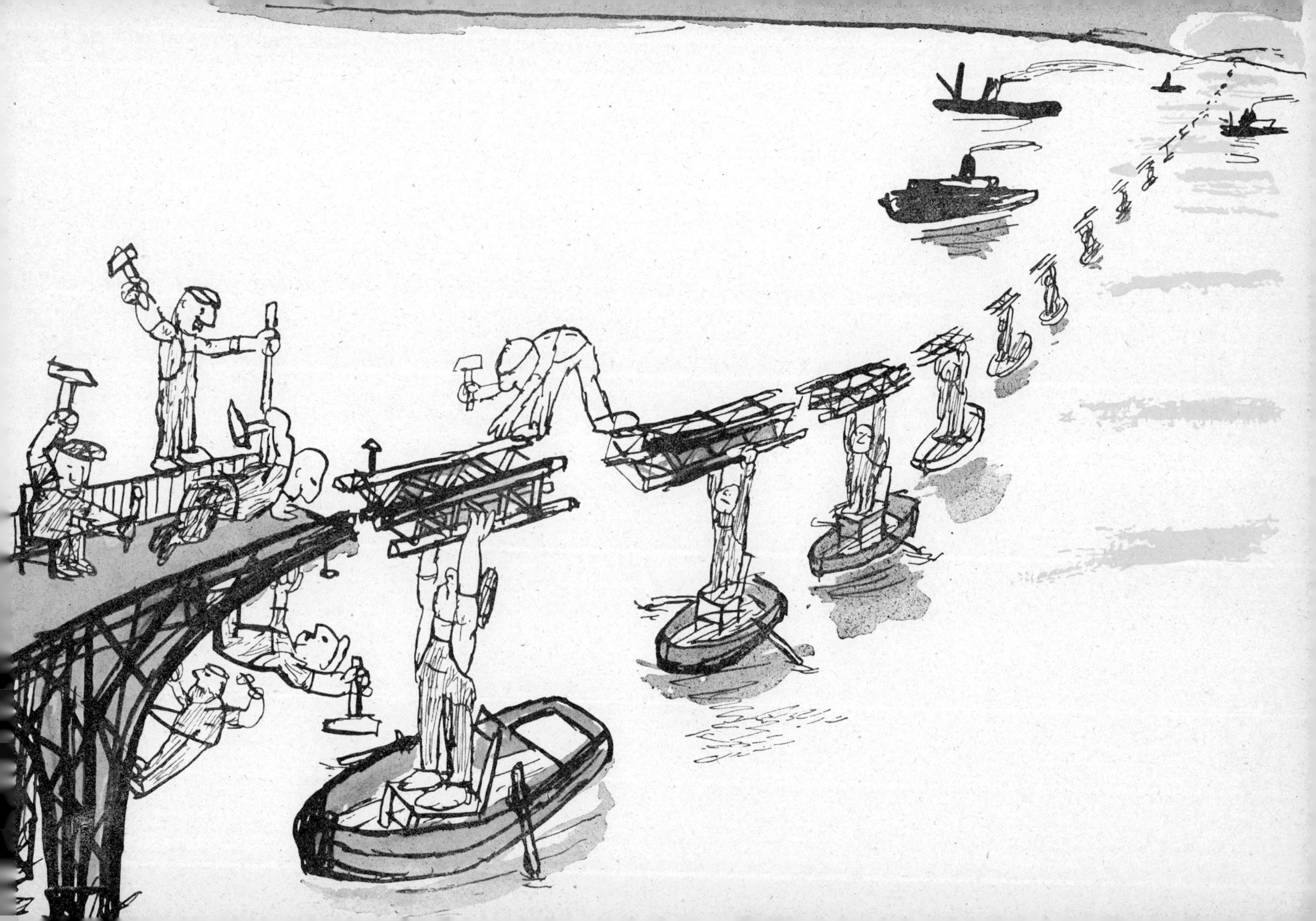

Et le grand perroquet multicolore lui-même ne trouva pas un mot à dire, bon ou mauvais.

Et comme la musique redoublait, partout dans l'île on entendait la voix des indigènes qui, très tristes, chantaient :

> Arrêtez la musique, arrêtez la musique
> Le Manège tourne de travers.
> Arrêtez la musique, arrêtez cette musique
> Le Manège va s'arrêter de tourner !

Et les indigènes descendirent dans la Mine.

Les chasseurs de paons les guettaient, ils ne pouvaient faire autrement.

Le Général Trésorier, sur son cheval de bataille, dirigeait les opérations financières; et les Actionnaires et leurs Administrateurs, tout en buvant des boissons glacées, jetaient un coup d'œil sur la comptabilité en se plaignant de la chaleur.

Les empailleurs et les rempailleurs de Tue-Tue-Paon-Paon avaient été nommés Orpailleurs, c'est-à-dire qu'ils avaient le privilège de travailler en plein air.

Tout en cherchant les paillettes d'or dans les rivières, ils fredonnaient sans grand entrain le refrain joué chaque soir sur la grande place de l'île par l'Armée du salut du Trésor :

> Que faut-il pour être heureux
> Un peu d'or
> Beaucoup d'or
> Là-haut
> Tout ce qui brille est d'or
> Là-haut
> Vous aurez tout ce qu'il vous faut !

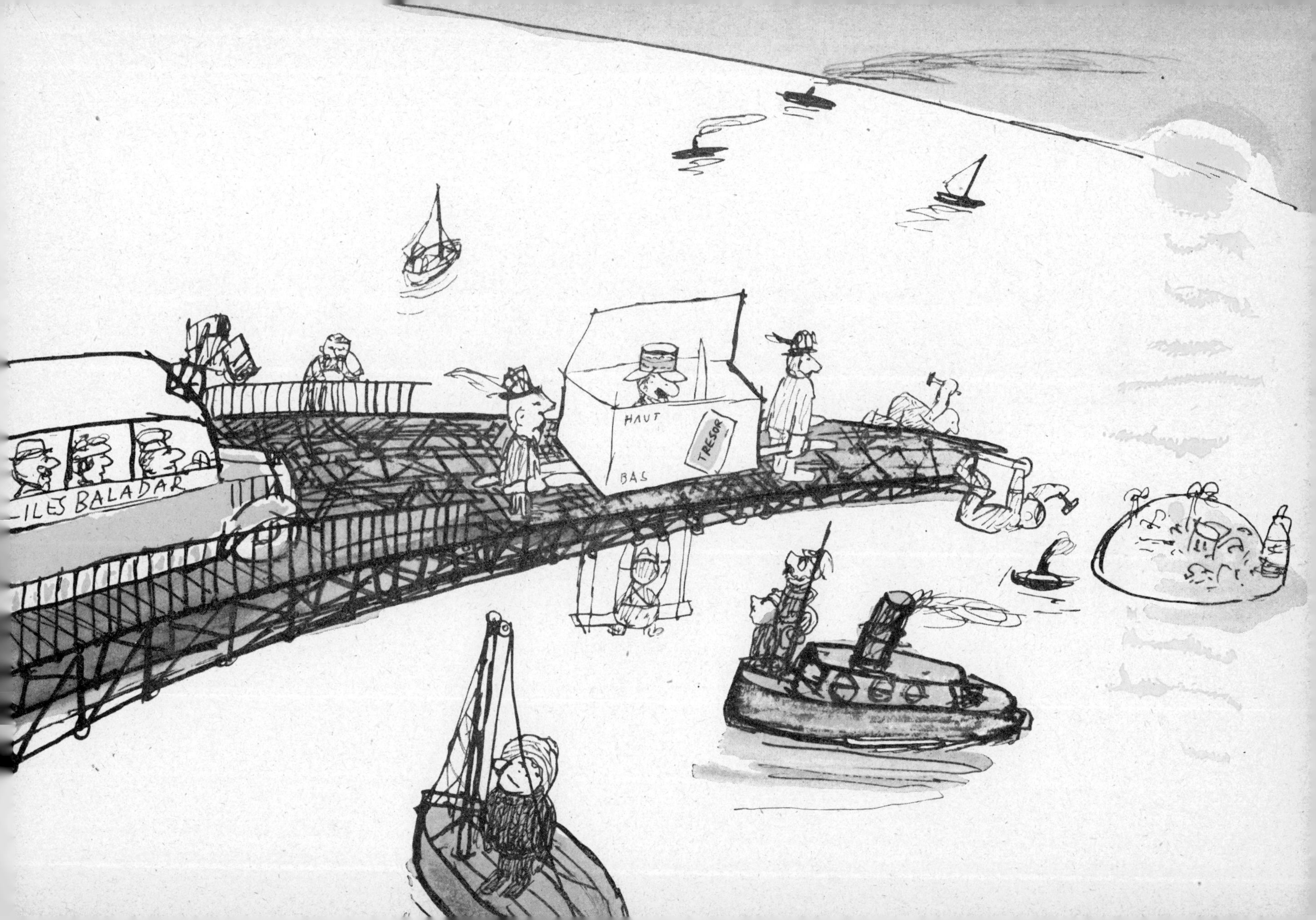
ILES BALADAR
HAUT
TRESOR
BAS

Les mineurs, eux, étaient payés au poids de l'or qu'ils arrachaient à la terre, c'est-à-dire que plus ils arrachaient d'or, moins ils touchaient d'argent.

— Ils ne sauraient quoi en faire, disait le Général Trésorier, ces grands enfants sont étonnants, on a beau essayer de leur apprendre à être heureux, ils ne veulent en faire qu'à leur tête.

Ainsi, tout le monde travaillait, chacun selon ses moyens, et ceux qui avaient les moyens de ne rien faire ne faisaient rien.

Quatre-mains-à-l'ouvrage n'en faisait pas davantage. L'île était devenue tellement sale, que même en travaillant vingt-quatre heures par jour sans compter les heures supplémentaires, il n'aurait jamais pu mener sa tâche à bien.

Alors il dormait, mais, à cause des mauvais bruits venus du Grand Continent, ses rêves n'étaient plus aussi jolis qu'avant.

Ceux des indigènes n'auraient pas été très beaux non plus s'ils avaient eu le temps de rêver.

Le premier jour où ils étaient descendus dans la mine, ils n'avaient pas du tout compris comment une chose pareille avait pu leur arriver.

Le second jour, comme l'un d'eux, pour prendre un peu l'air, était sorti avant l'heure réglementaire, un chasseur de paons avait dirigé contre lui le canon d'un fusil et il était rentré sous terre, comme un lapin dans son terrier, et tous les autres s'étaient tordus de rire car ils trouvaient tout cela si méchant, inutile et bête qu'ils n'arrivaient pas à croire que c'était tout à fait vrai.

Mais le troisième jour, comme ils commençaient à réfléchir sérieusement, ils entendirent dans l'ombre une voix qui chantait ou plutôt qui poussait des cris, et ces cris étaient si tristes, si désolés, qu'ils cessèrent de réfléchir pour les écouter.

C'étaient les cris du paon qui, quelque temps auparavant, avait échappé aux abattoirs de Tue-Tue-Paon-Paon :

— Quand j'ai vu arriver les gens du Grand Continent, je suis parti dans la montagne où j'ai retrouvé les élans et les dromadaires, les lucioles et les hirondelles et le lapin albinos et puis la grenouille-taureau.

Personne n'était gai là-haut et Petit-Velours lui-même, le plus jeune des Oiseaux Marrants qui rient toujours, même en mourant, s'est arrêté de rire pendant un petit bout de temps.

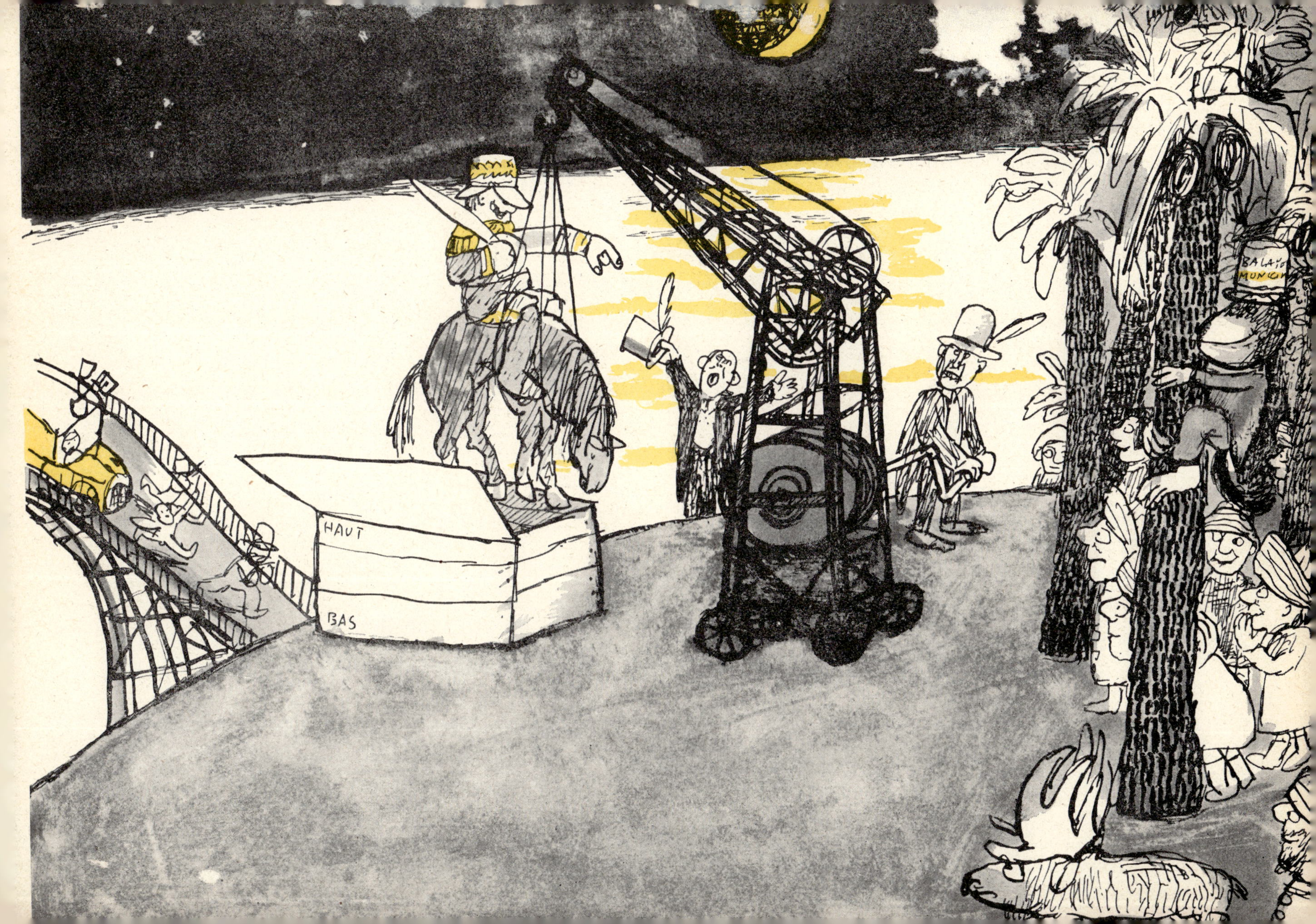
HAUT
BAS

Tous avaient de la peine parce qu'ils vous aiment bien et ce qu'ils disaient n'était pas du tout rassurant.

— Qu'est-ce qu'ils disaient ? demandèrent les indigènes.

— Ils disaient que le Général Trésorier vous prend vous aussi et tous autant que vous êtes pour une belle bande de paons et que, si vous vous laissez faire, il vous aura plumé toute la laine de vos os avant qu'il ait passé beaucoup d'eau sous leur pont !

— On va bien voir ça ! dirent les indigènes et ils allèrent le voir comme ils l'avaient dit. Mais comme ils sortaient de la mine, un factionnaire planté devant sa guérite les mit en joue :

— Rentrez tout de suite !

Alors, ils envoyèrent le factionnaire voir du pays, tout au fond d'un ravin, avec sa guérite et son fusil. Et quand le Général Trésorier les vit arriver, il entra dans une colère bleue et verte et même un peu violette et les yeux et la langue lui sortant en même temps de la tête, on aurait dit vraiment un vrai guignol méchant :

— Pfft... Ts... Tsss... Pft... Ah ça !... Ah ça !... Qu'est-ce que ça veut dire... jamais vu ça... Qu'est-ce que c'est que ça ?

— Ça, c'est nous ! répondirent les indigènes. Et nous, c'est des pêcheurs et puis des paysans qui viennent pour vous dire qu'ils ne sont pas contents !

Et ils se mirent à chanter :

> Que faut-il pour être heureux
> Un peu d'air
> Nous en avions beaucoup avant votre arrivée
> Il faut vous en aller
> Le Manège doit tourner
> Il faut vous en aller
> Nous voulons respirer
> Et votre poussière d'or nous sort par le nez...

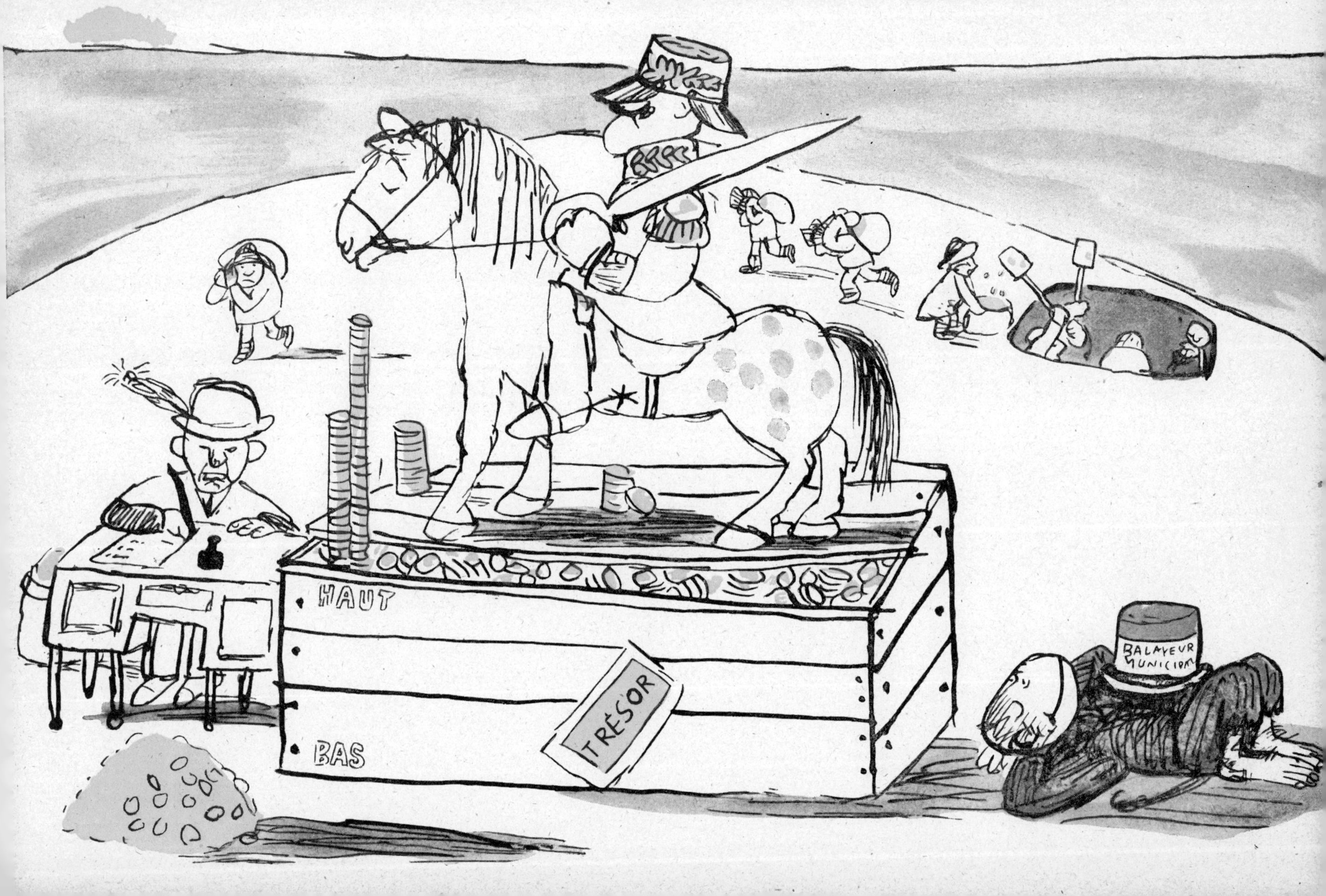
HAUT
BAS
TRÉSOR
BALAYEUR MUNICIPAL

Et puis ils partirent comme ils étaient venus, laissant là leurs outils et le Général Trésorier.

Et il était tellement furieux, le Général Trésorier, qu'il ne trouvait plus ses mots et qu'il fouillait dans son képi pour essayer d'en récupérer quelques-uns. Les premiers qui lui tombèrent sous la main étaient ses mots préférés : Aux armes !

Mais quand les armes arrivèrent avec les hommes d'armes, déjà les Indigènes avec leurs femmes, leurs enfants, leurs animaux familiers, s'étaient éparpillés dans l'île, les uns dans les forêts et la montagne, les autres dans les grottes des rochers.

Et le Général Trésorier avait beau s'égosiller : La main-d'œuvre a quitté la Mine ! ce n'était pas une petite affaire que de tenter de la récupérer.

Autant chercher l'ombre du trou d'une aiguille dans les poches du soleil dormant sur un tas de foin.

Pourtant, les Indigènes n'étaient pas tellement isolés : jour et nuit les hirondelles, les chouettes, les cormorans et les martinets leur portaient les messages qu'ils jugeaient bon d'échanger.

C'était bien en pure perte que le Général Trésorier avait donné l'ordre d'accélérer la construction du Pénitencier, le Pénitencier était toujours aussi vide que le jour de l'inauguration et la Mine était aussi vide qu'un seau à charbon sans charbon.

Soudain il eut une idée, le grand Général Trésorier, apercevant en plein soleil Quatre-mains-à-l'ouvrage endormi qui, n'ayant rien de mieux à faire, rêvait depuis plus de quarante-huit heures d'un monde comme avant ou comme plus tard, mais en tout cas bien meilleur.

— Gant de velours tout de suite, gant de fer ensuite, c'est ma formule favorite, se disait le Général Trésorier en s'approchant du balayeur endormi. Et c'est vraiment une main de velours qui, secouant débonnairement Quatre-mains-à-l'ouvrage, mit fin à ses songes.

Et c'est avec un bon sourire que le Général Trésorier lui annonça une bonne nouvelle :

— En raison des services rendus à la Municipalité, nous vous faisons sur-le-champ et en musique, Grand Amiral des Mineurs et Administrateur délégué de la flotte désaffectée par raison de force majeure !

Croyant Quatre-mains-à-l'ouvrage plus naïf que rusé, le Général Trésorier pensait en le comblant ainsi d'honneurs,

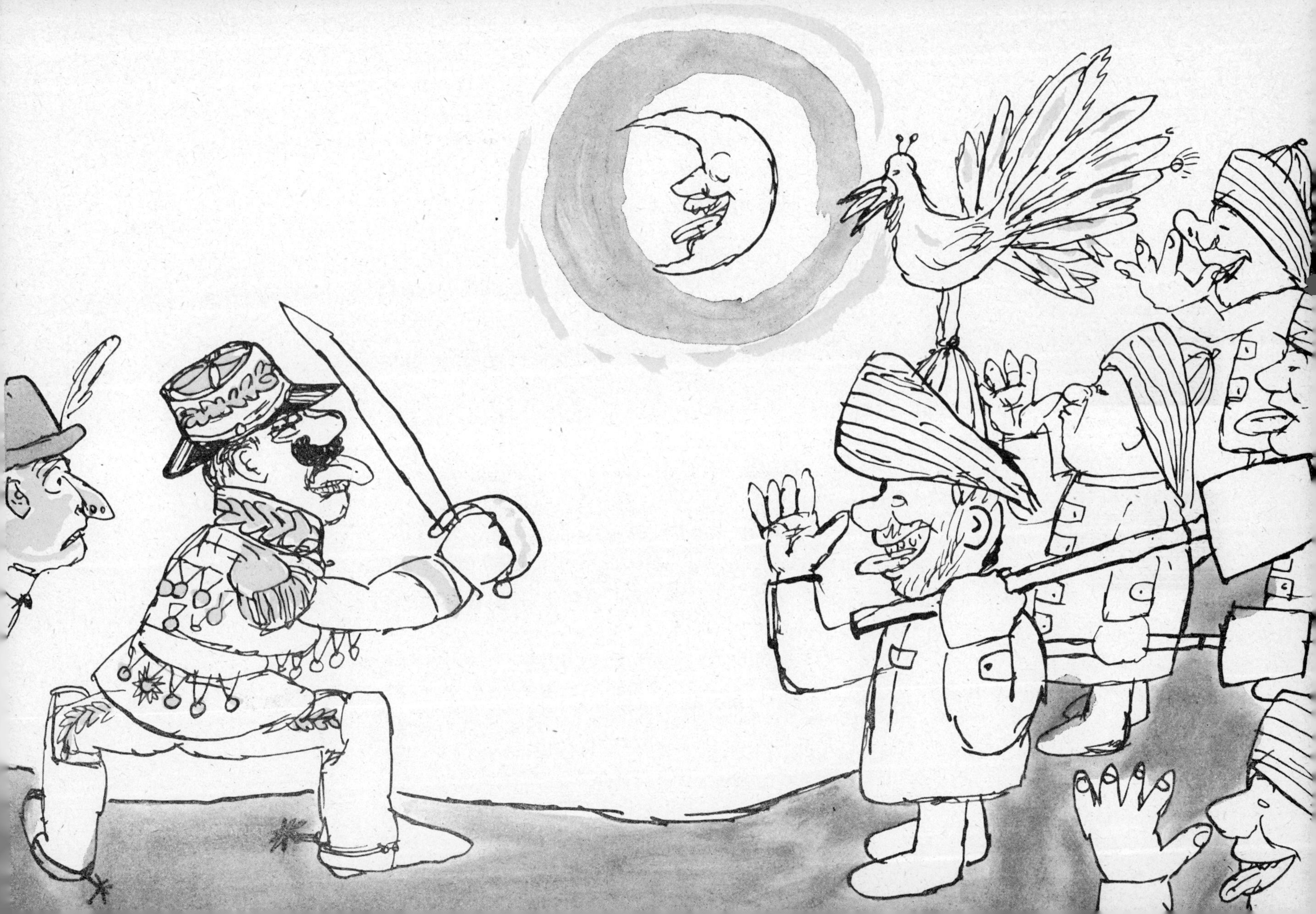

flatter sa vanité et obtenir de lui dans le plus bref délai la liste officielle et complète de tous les coins les plus secrets de l'île où s'étaient réfugiés « ses » mineurs.

Tout d'abord, Quatre-mains-à-l'ouvrage qui n'était pas encore tout à fait réveillé se mit à rire, ne comprenant rien à ce qui lui arrivait, mais quand il entendit l'hymne national de Tue-Tue-Paon-Paon : En avant, Tue-Tue-Paon-Paon !.. En arrière, les intrigants !... Il comprit qu'il était tout seul, car, pour lui, les gens du Grand Continent, ce n'était vraiment pas des gens.

Et quand il sut ce qu'on attendait de lui, il cessa de rire et répondit très sérieusement :

— La nuit porte conseil : plus le sommeil est long, plus le conseil est bon, c'est un proverbe des îles Fagotin, je vous donnerai réponse demain matin.

D'un air martial, il claqua des talons, sans faire beaucoup de bruit car il était nu-pieds, et puis rentra chez lui, son grand sabre au côté.

Mais chez Quatre-mains-à-l'ouvrage il y avait une vieille armoire à glace et à peine rentré il dit : Tiens... tiens ! Il y a quelqu'un et même quelqu'un de très bien !

Quelqu'un, c'était tout simplement lui, soudain ébloui par sa tunique bleue, ses épaulettes et ses galons d'or. A la tombée du soir, cette passementerie jetait une telle lumière que dans la glace de cette vieille armoire on aurait dit les fruits les plus coûteux, au beau milieu d'un frigidaire tout neuf, dans un compotier bleu.

— Bien sûr, ce n'est que moi, ajouta-t-il modestement, mais ça vaut tout de même la peine d'être vu, on dirait tout à fait l'Amiral Nelson ou Napoléon I$^{er}$, comme sur les images des journaux apportés par le grand perroquet ! Et il ajouta en faisant avec son sabre de grands moulinets :

— Quand je pense que ce matin, je n'étais encore qu'un pauvre rien du tout !

Soudain il entendit une voix, qui répétait la fin de sa phrase, comme un écho :

...Rien du tout ! Et la voix continuait sans avoir l'air de vouloir se laisser interrompre :

...Et bientôt, si tu continues, tu vas devenir un pas grand'chose !

— Il y a quelqu'un ? cria Quatre-mains-à-l'ouvrage.

— Oui, le balayeur ! reprit la voix.

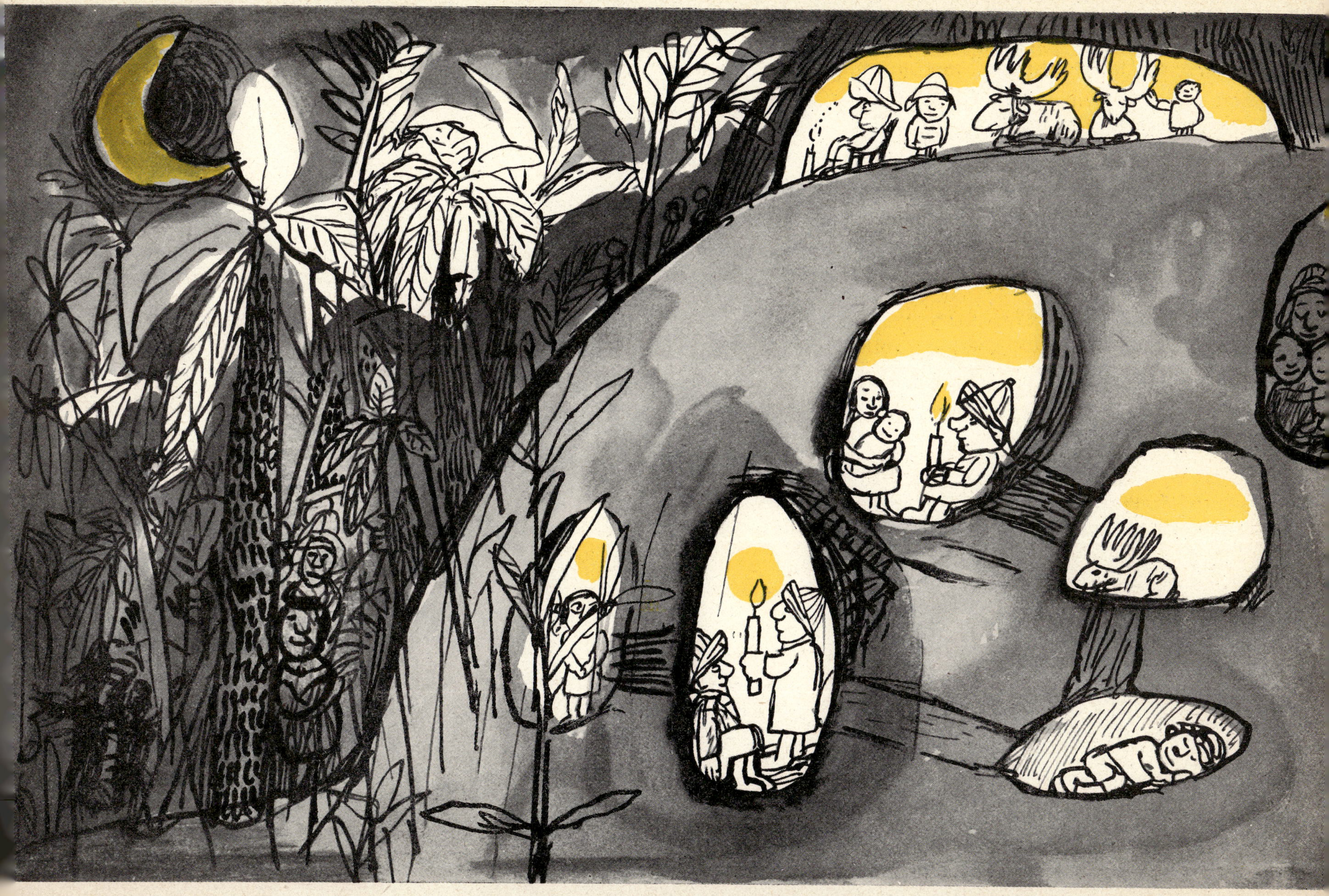

Alors, Quatre-mains-à-l'ouvrage comprit qu'il n'y avait personne, personne d'autre que lui et qui parlait tout seul, tantôt en balayeur comme il parlait avant, tantôt en amiral, comme il venait de parler à l'instant même, et pour la première fois, vaniteusement.

Et la discussion dura une bonne partie de la nuit, et comme Quatre-mains-à-l'ouvrage était tout de même à demi endormi, un tas d'animaux du voisinage, comme en rêve, vinrent donner leur avis.

— Amiral... Amiral... si tu nous fais rire, c'est bien pour ne pas pleurer !

Que diraient tes amis de l'île, s'ils te voyaient, s'ils t'entendaient !

Ils ont été si bons pour toi, on dirait que tu l'as oublié.

Quand on pense qu'ils auraient pu te mettre en cage et te montrer dans les foires avec une bougie sur le museau et même du côté de la mèche allumée ou bien te faire danser sur du verre pilé avec des serpents à grelots !

Alors l'Amiral se tut et laissa le balayeur rêver aux belles journées passées à presque rien faire au milieu des oiseaux et des fleurs, pendant que tournait le Manège.

Et quand le matin arriva, il trouva Quatre-mains-à-l'ouvrage assis sur son lit et qui pleurait, mais ses larmes n'étaient pas tristes, au contraire, il était presque heureux et soulagé.

Et le matin lui caressa la tête très doucement, et lui dit :

— Tu vois, il y a des gens qui ont le mal du pays ; toi, tu as seulement le mal du balai !

Alors, Quatre-mains-à-l'ouvrage se leva et d'un pas décidé prit le chemin du Palais où le Général Trésorier l'attendait.


Quand le Général Trésorier vit arriver Quatre-mains-à-l'ouvrage, persuadé que sans aucun doute, celui-ci lui apportait de très précieux renseignements, il le pria de s'asseoir et lui demanda des nouvelles de sa santé :

— J'espère que vous avez bien dormi, Amiral. Quant à moi, tenu en éveil par les intérêts supérieurs du pays, je n'ai pas fermé l'œil de la nuit.

— Moi non plus, mais ce n'était pas le même ! répondit l'Amiral souriant en grinçant des dents.

Le Général ne remarqua que le sourire, n'entendit pas le grincement et poursuivit rapidement :

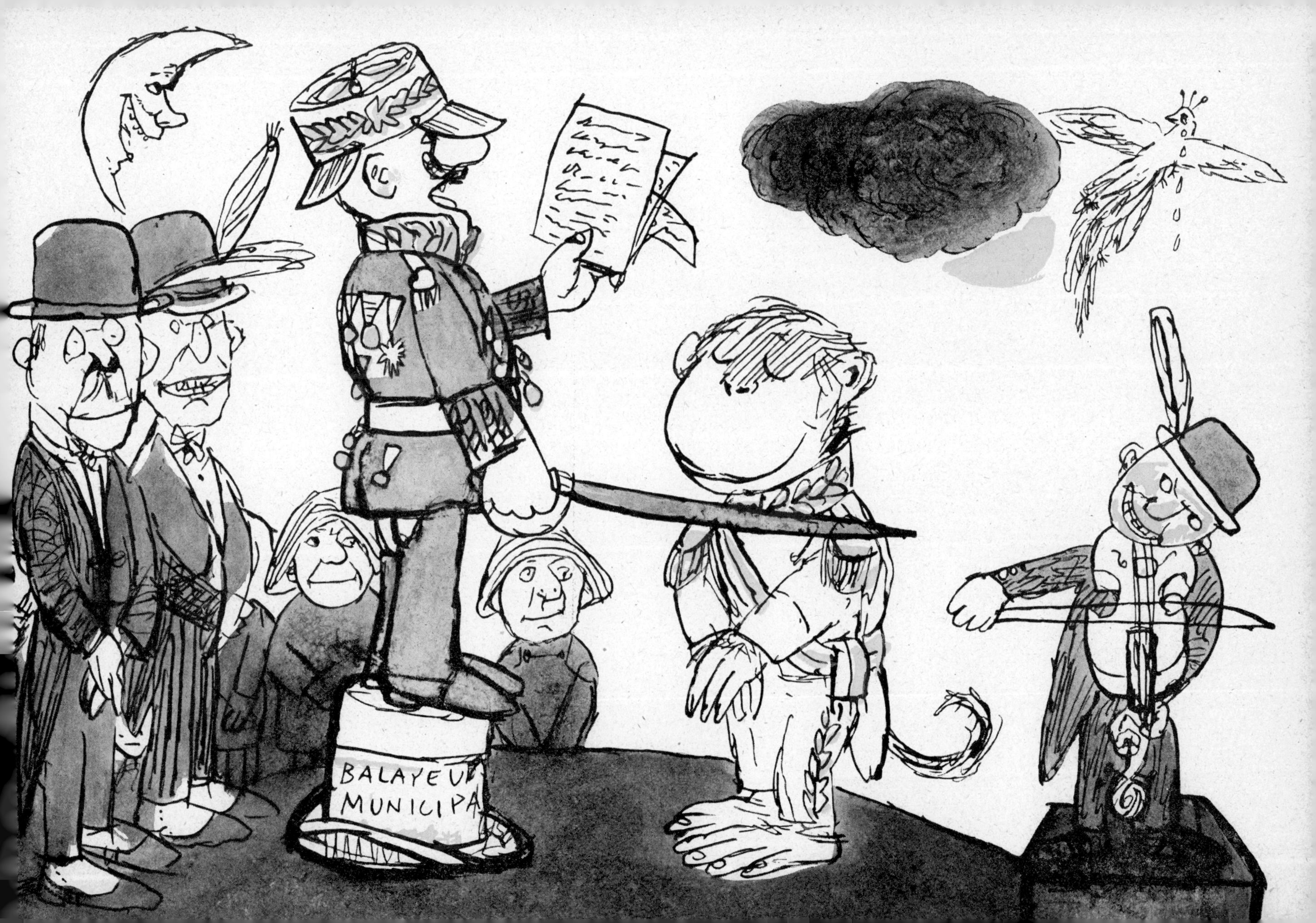
BALAYEU
MUNICIPA

— Je pense que vous avez les documents et que bientôt, et grâce à vous, tous ces turbulents mineurs auront repris le droit chemin... enfin bref... gant de velours... je serai magnanime !

Les meilleurs n'auront qu'à choisir : le pénitencier ou la mine. Mais pour les fortes têtes, pas à hésiter... pfft... le panier !

Et mimant de sa main soignée le geste du bourreau manœuvrant le couperet :

— Quand une tête est mauvaise, un seul remède... pffft... la couper !

— D'accord, Général, dit Quatre-mains-à-l'ouvrage, tout à fait d'accord pour les têtes mauvaises, mais pourquoi m'avoir donné un sabre si vous tenez à la vôtre !

Il n'avait pas fini sa phrase, qu'en un clin d'œil, déjà le fourreau du sabre était vide comme une maison sans enfant et qu'il jonglait avec ce sabre, de ses quatre mains et à deux doigts de la tête du Général-Président.

Et le Général devint tout à coup très blanc, aussi blanc qu'un morceau de sucre tremblant entre deux doigts blancs au-dessus d'un café noir brûlant.

Alors, en présence du danger, il rassembla ses idées et n'écouta que son courage, mais son courage qui, ce matin-là, n'était pas très bavard, ne lui dit absolument rien. Et le Général, d'une voix ferme et décidée, prit la parole à sa place :

— En avant Tue-Tue-Paon-Paon ! Roulez tambours, sonnez trompettes... Rassemblement ! Mettons le feu aux poudres d'escampette !

Et il disparut par la fenêtre, enfonçant son képi sur sa tête.

Comme ce képi avait deux visières : l'une pour regarder l'ennemi en face en l'attaquant héroïquement, l'autre pour sauver la face en cas de fuite devant lui, la retraite du Général Trésorier avait tout de même la fière allure d'une grande offensive stratégique.

Et Quatre-mains-à-l'ouvrage, en galopant derrière lui, n'en paraissait que plus courageux, d'autant plus qu'il poussait des cris tellement stridents, tellement sauvages, que de loin on croyait entendre les hurlements d'un volcan ou les menaces d'un fol orage.

Quand les Indigènes entendirent ces cris, de leur montagne, de leurs rochers, ils se mirent à danser et à rire :

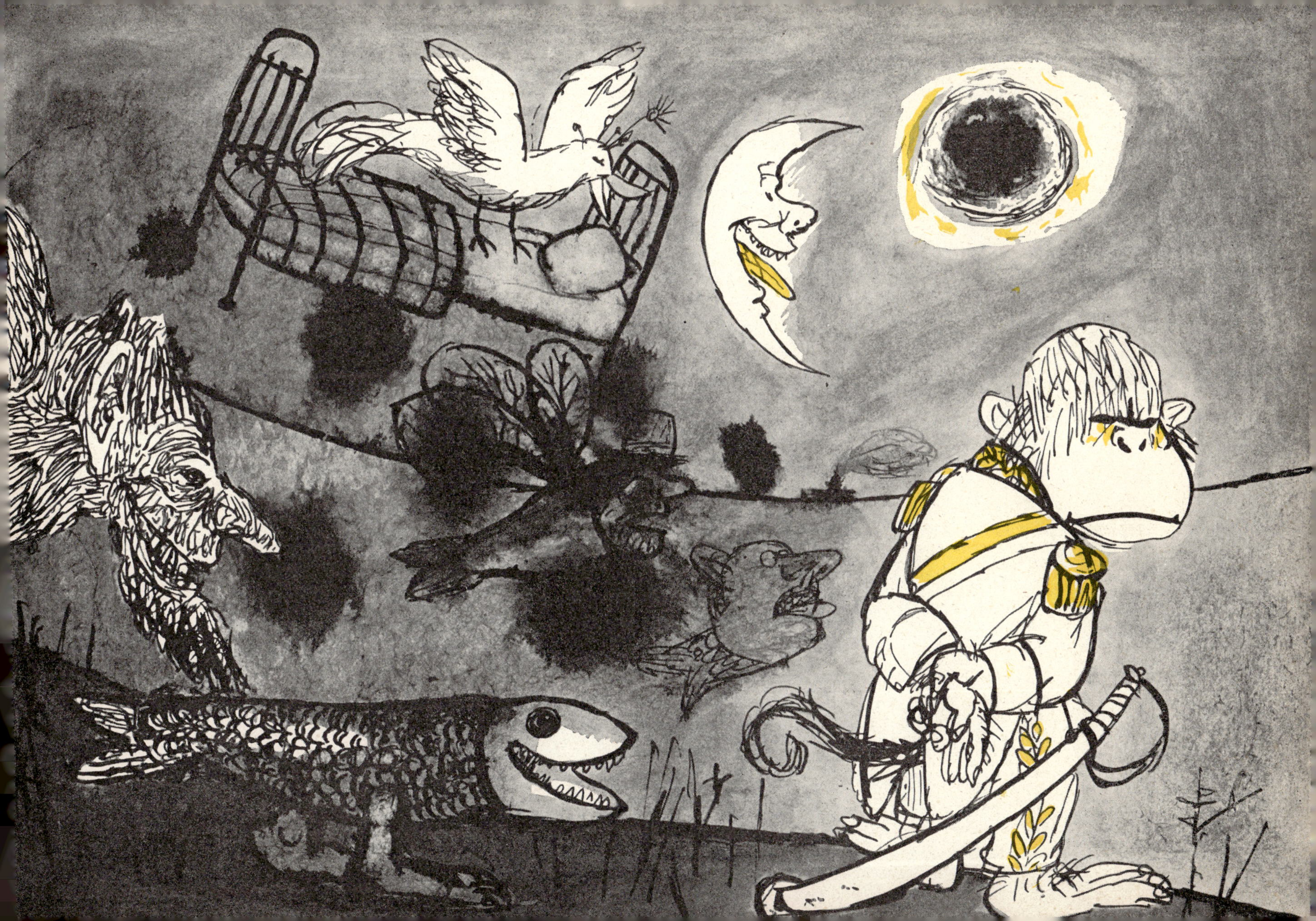

— Ça y est, le Signal est donné, le Manège va se remettre à tourner !

Car ils n'attendaient qu'un signe, n'importe lequel, venant de n'importe où : étoile filante, sourire de lune, éclipse de soleil, troupeau de baleines blanches sur la mer démontée, ou bouteille volant sur les vignes avec un tire-bouchon doré, pour redescendre dans la vallée.

Et les indigènes reprirent leurs élans et redescendirent dans la vallée, sans oublier les dromadaires et les poissons volants ni Petit Velours l'oiseau marrant.

En bas, ils découvrirent Quatre-mains-à-l'ouvrage couché dans l'herbe au pied d'un arbre, très fatigué d'avoir tellement couru, tout essoufflé d'avoir tellement crié.

Mais quand il reconnut les Indigènes qui s'avançaient vers lui, souriants et décidés, il se leva d'un bon et se mit à chanter :

> Les amis sont revenus
> Et le bon temps aussi
> Le Manège va tourner
> En avant les amis !

Et bientôt la lune, soulevant son bleu rideau de nuages, sourit aussi en découvrant Quatre-mains-à-l'ouvrage en grande tenue d'Amiral des balais, qui galopait à la tête de ses troupes sur le cheval de bataille du Général Trésorier, à la poursuite de ce dernier et de son valeureux corps d'armée. Le Général Trésorier aurait bien voulu lui aussi galoper à la tête de ses troupes, c'était d'ailleurs la place qui lui revenait de droit et en cas de retraite, la meilleure pour un général de grande valeur.

Mais il était monté en croupe, derrière une grande statue équestre qu'il avait depuis longtemps commandée aux plus grands sculpteurs diplômés au salon de l'Art pour l'or en raison des services rendus à la Presqu'île du Trésor.

Pour rien au monde il n'aurait voulu abandonner, et surtout en cas de danger, cette véritable pièce de musée d'une inappréciable valeur artistique, intrinsèque et patriotique.

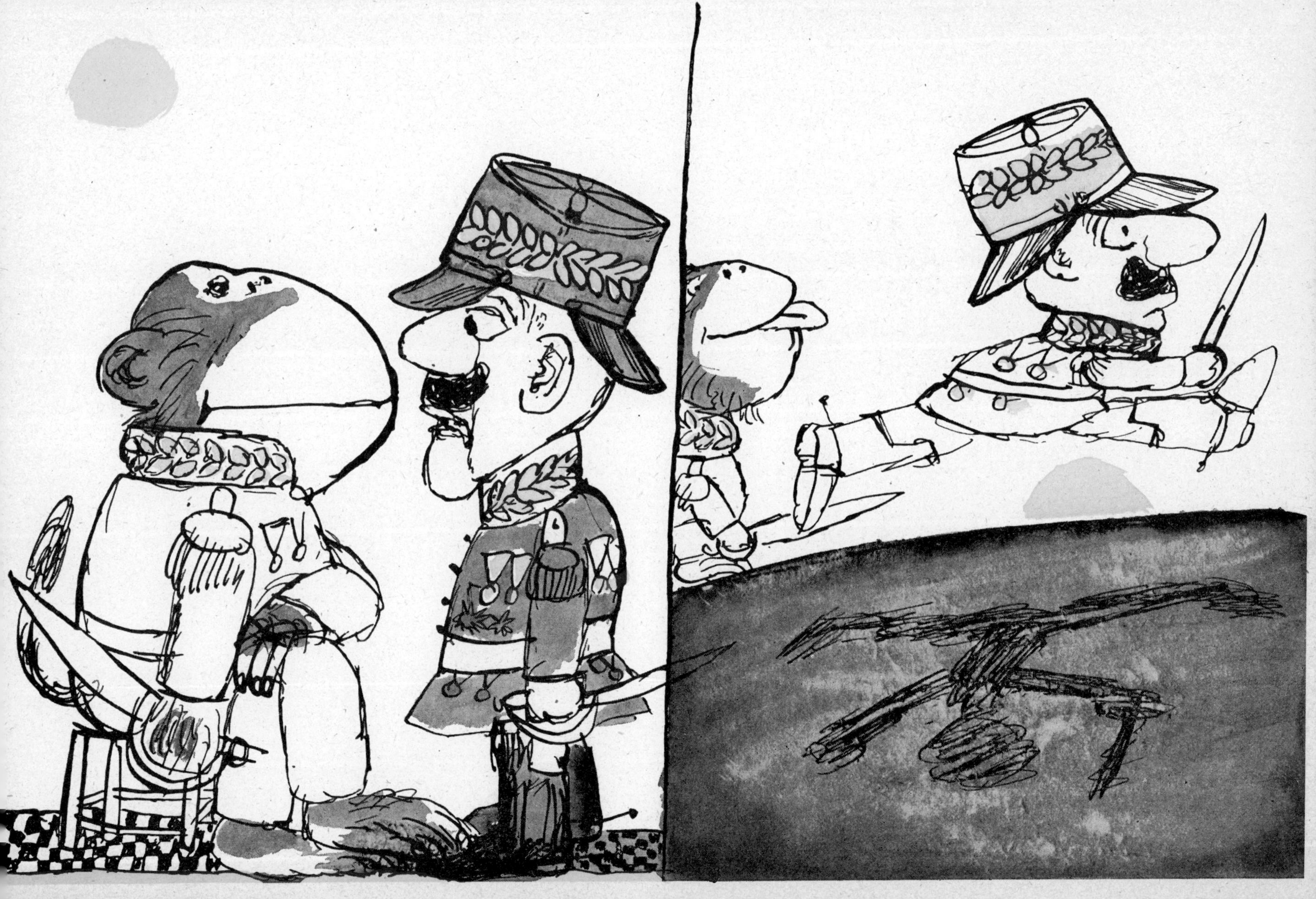

Quand le terrain était en pente la retraite marchait comme sur des roulettes et le Général Trésorier avait lieu de se montrer satisfait, mais quand la pente remontait à bon droit il se montrait inquiet car le grand pur-sang d'or massif montait les côtes au ralenti comme un vieux Pégase poussif.

Et c'est bel et bien bon dernier que le Général Trésorier s'engagea résolument sur le grand pont d'acier flottant où déjà son petit corps d'armée trottait au pas cadencé, très loin derrière les Actionnaires qui, dans leur bel autocar bouton d'or, chantaient avec une mâle assurance, pour se donner contenance, l'Hymne National de Tue-Tue-Paon-Paon :

En avant Tue-Tue-Paon-Paon<br>
En arrière les intrigants !

Mais la voix des Actionnaires était si morne, si dépitée, si funèbre et si mal assurée qu'on aurait cru entendre un chœur de crocodiles pleurant à chaudes larmes les affligeants malheurs d'un pauvre saule pleureur.

Sur le rivage de l'île, heureuse et gaie, une autre voix chantait. C'était la voix de Quatre-mains-à-l'ouvrage qui, souriant de toutes ses dents blanches et bien rangées, souhaitait mauvais voyage au Général Trésorier.

Et les indigènes et leurs animaux familiers et charmants joignaient leurs voix à la sienne avec un ensemble touchant :

Mauvais voyage, Monsieur Trésorier !

Soudain, on entendit un terrible craquement.

Il faut dire que depuis quelque temps cela n'allait pas du tout très bien sur le Grand Continent. Tout le monde, y compris les culs-de-jatte, était sans cesse sur le pied de guerre.

Quand ce n'était pas la guerre froide, c'était la guerre réchauffée ou la guerre à l'étouffée et comme là-bas l'argent c'est le nerf de la guerre, la guerre des nerfs était tous les jours déclarée.

Et les grands entrepreneurs de grosses machines de guerre avaient charitablement prévenu les petites gens que

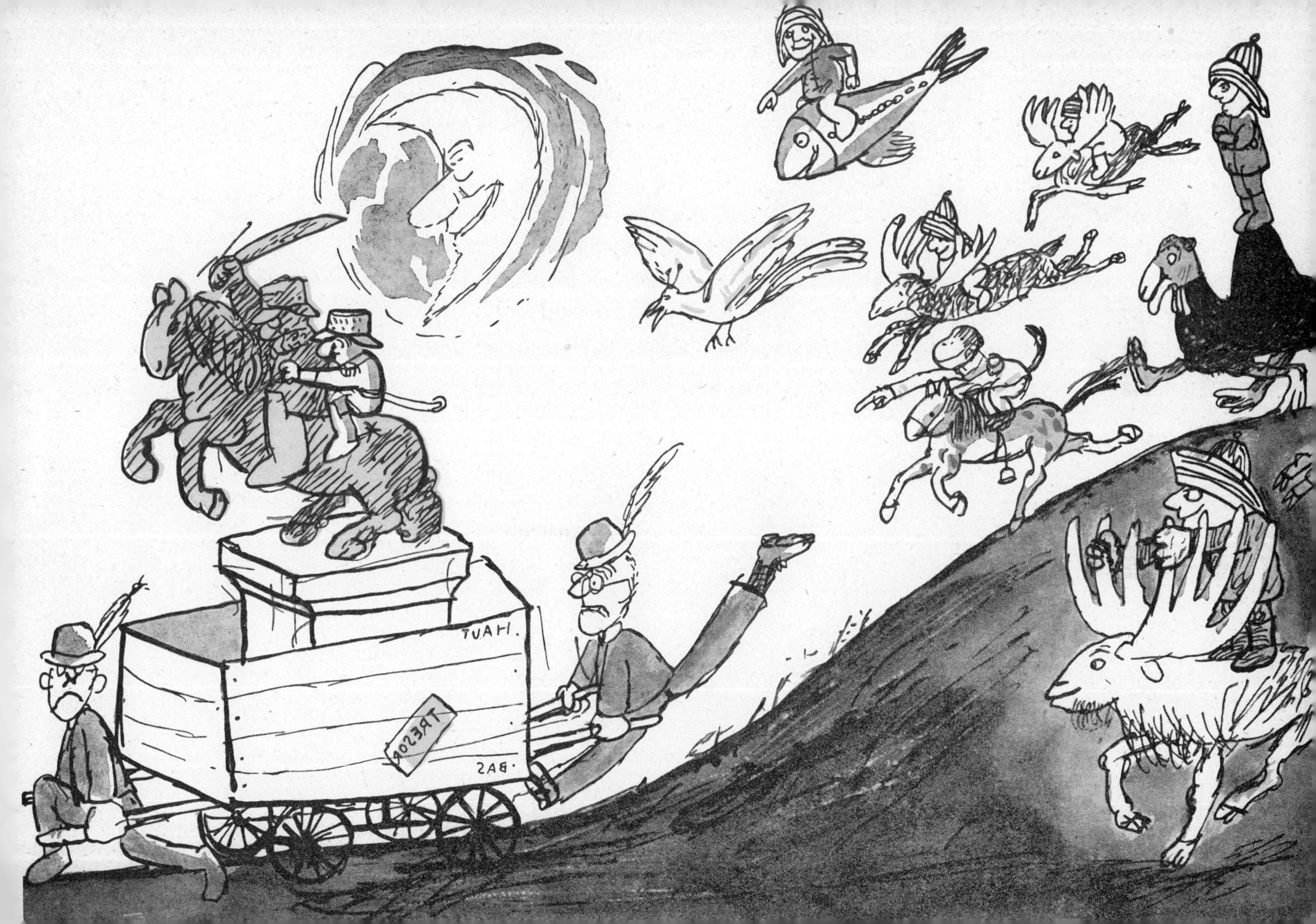
HAUT
TRESOR
BAS

ce n'était vraiment honnêtement pas le moment de venir leur taper sur les nerfs avec leurs petites histoires de salaires.

Alors, les bâtisseurs de pont qui avaient vu les leurs diminuer avec une inquiétante régularité, n'avaient pas attendu de les voir disparaître tout à fait pour s'en aller.

Pourtant, le grand pont, bien qu'ayant été inauguré triomphalement, n'était à vrai dire qu'en voie d'achèvement et nécessitait dans l'ensemble d'indispensables perfectionnements.

Et les bâtisseurs du grand pont qui n'étaient pas du tout contents s'en étaient retournés dans leur lointain pays en emportant à titre de souvenir et de compensation un grand nombre de boulons choisis avec un très grand soin et beaucoup de précision.

Et depuis leur départ, quand la mer se permettait d'être tant soit peu agitée, les pilotis d'acier du grand pont vacillaient de manière inquiétante sur leur ligne de flottaison et le grand pont tout entier se mettait à trembler comme un vieil accordéon dans les mains d'un vieux musicien pris de boisson.

Alors, quand le Général Trésorier voulut rejoindre ses troupes au grand galop sur son noble coursier d'or massif, ce fut comme s'il avait donné lui-même le signal de la démantibulation générale.

L'or est plus lourd que l'eau et parfois l'acier plus fragile que le vent et le grand cheval d'or et le grand pont d'acier, dans un impressionnant feu d'artifice d'eau salée et de ferraille dorée, avaient donc disparu d'un seul coup dans les flots.

Mais le Général Trésorier, dans son plongeon vertigineux, avait eu la chance de pouvoir se cramponner à sa caisse enregistreuse.

Et comme un orpailleur également rescapé du désastre avait lui aussi trouvé refuge sur ce providentiel radeau de la Méduse, le Général Trésorier, sans hésiter, prit le commandement à bord :

— Allez, cinglez vers le continent et toutes voiles dehors !

— Mon Général, nous n'avons pas de voiles ! répondit l'orpailleur.

— Simple façon de parler, rétorqua le Général Trésorier. A la mer comme à la mer ! Qui est-ce qui m'a foutu un matelot pareil ! Si vous n'avez pas de voiles, vous n'avez qu'à naviguer à la godille ou à la pagaie...

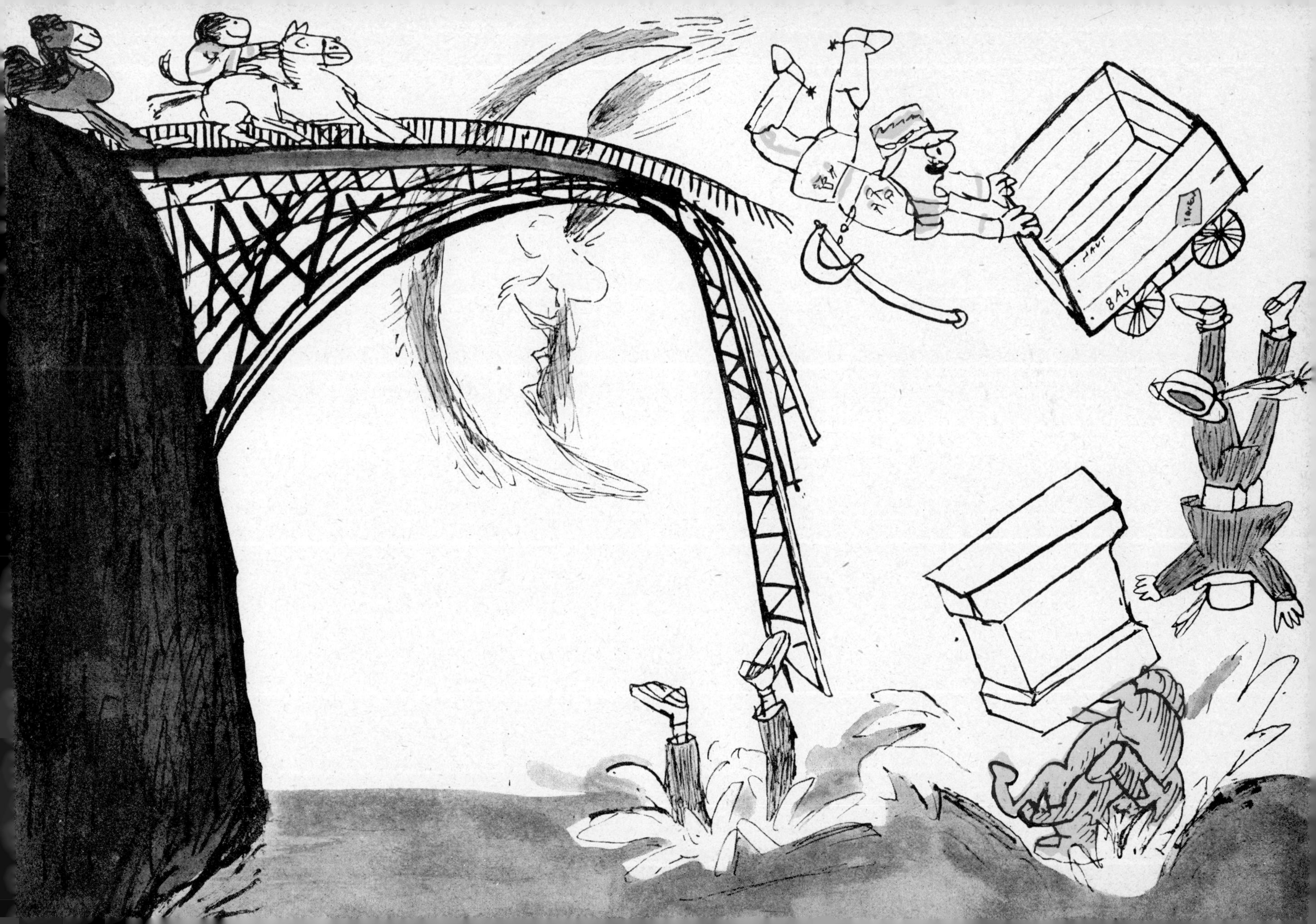
HAUT
BAS

Et l'orpailleur fit de son mieux avec les moyens du bord, mais les caprices du courant les entraînèrent très vite loin du Grand Continent.

— Quelle pagaïe, dit le Général, nous voguons vers l'horizon et l'horizon est si noir qu'il ne nous promet rien de bon.

Et brusquement il s'emporta :

— Enfin, qui est-ce qui commande ici, vous ou moi ?

— Ni l'un, ni l'autre, dit l'orpailleur en sanglotant, ici c'est la mer qui commande et nous entraîne où bon lui semble !

Et Quatre-mains-à-l'ouvrage et le cheval de bataille assis sur le rivage regardaient le Général Trésorier disparaître, comme disparaît un mauvais rêve, comme se dissipe une fumée.

— Jusqu'où crois-tu qu'il va aller ? demanda le cheval.

— Pas tellement loin, répondit Quatre-mains-à-l'ouvrage, il y a tant de choses sur la mer, des requins et des raies géantes, des baleines de quinze mètres de haut et des vagues phosphorescentes, des raz de marée et des typhons.

Oui, il y a tant de choses sur la mer, sans parler de ce qu'il y a dans le fond, c'est un amiral qui t'en parle et qui connaît la question !

Et puis ils changèrent de conversation.

— Avec tout ce qu'ils ont laissé dans l'île, dit Quatre-mains-à-l'ouvrage, c'est moi qui te le dis, je vais avoir un drôle de turbin !

— Je t'aiderai, dit le cheval, je traînerai ta charrette.

— Je n'ai qu'une brouette, dit Quatre-mains-à-l'ouvrage, modeste.

Alors, le cheval sourit.

— Ils ont laissé dans l'île une belle voiture, et je sais où elle est, une pièce d'antiquité, un carrosse doré, c'était pour les noces du Général Trésorier, des fois qu'un jour lui aurait pris l'idée de se marier.

— Je crois que ça pourra aller, dit Quatre-mains-à-l'ouvrage.

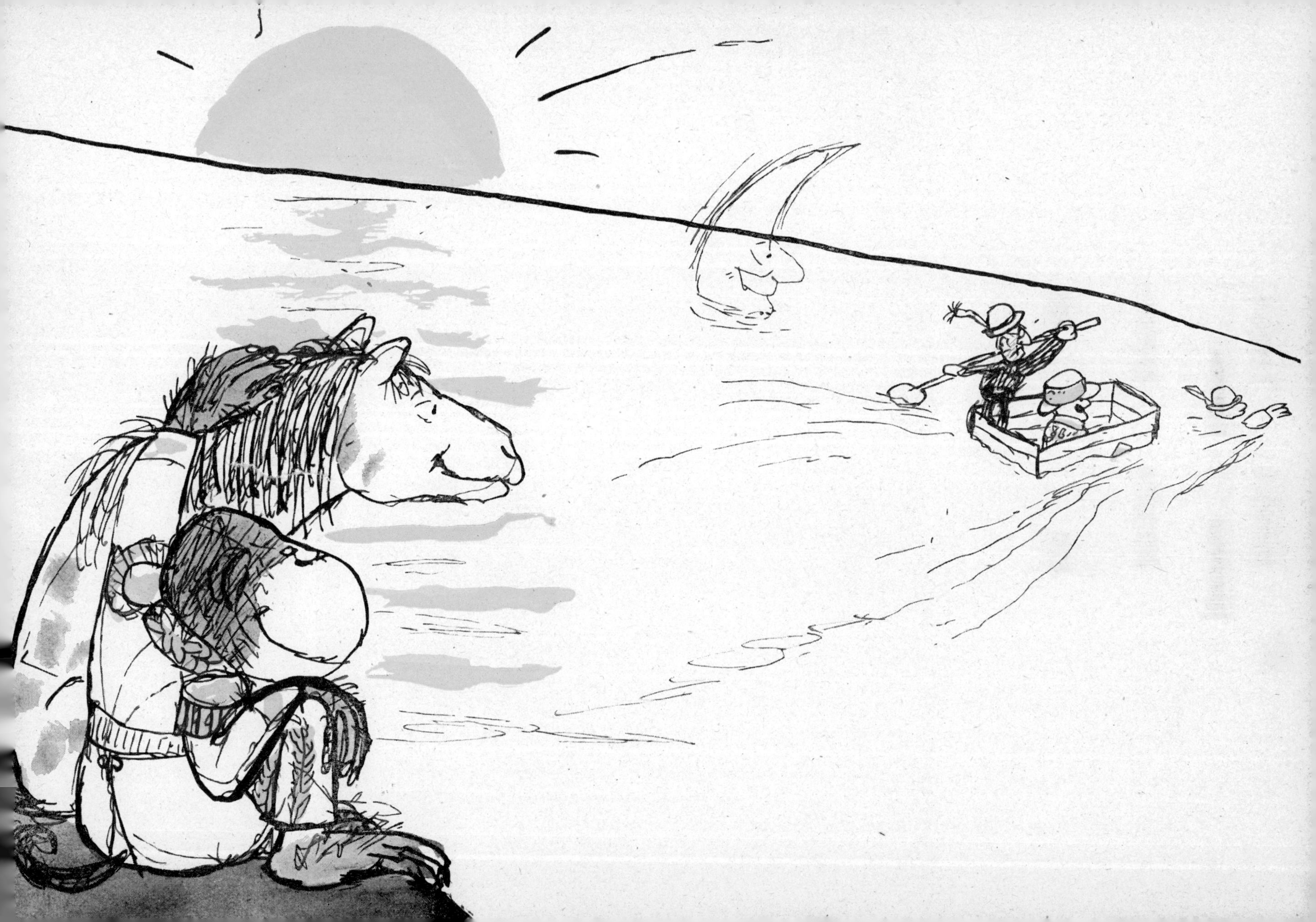

Et tous les deux se mirent à chanter.

Un tas de choses s'était passé.

Peu après l'effondrement du grand pont, le gouvernement de Tue-Tue-Paon-Paon avait été brusquement renversé, comme au cours d'un déménagement une vieille armoire avec pas grand'chose de propre dedans.

Et les Actionnaires de la « Grande Société de la presqu'île au Trésor » avaient tous été jetés en prison par le nouveau gouvernement, pas beaucoup plus propre que le précédent, mais soucieux de calmer un peu la population.

Et comme le Général Trésorier avait mystérieusement disparu de la circulation, les gens informés lui mirent sur le dos toutes les responsabilités de la malencontreuse expédition.

Et il fut accusé d'avoir lui-même manigancé la destruction du pont et puis de s'être enfui sur un vaisseau fantôme de première qualité, en embarquant les dernières pépites d'or de cette misérable petite mauvaise mine d'or de rien du tout et qui ne valait vraiment pas le mal et la peine qu'on s'était donné pour elle.

Ainsi, les apparences furent sauvées et le Général Trésorier fut condamné à être à son choix, si jamais il revenait, pendu ou fusillé.

Mais il ne revint jamais.


L'île avait bien gagné sa chance : elle était redevenue une petite île, ignorée, méprisée, abandonnée, une petite île sans la moindre importance.

Le Manège à nouveau pouvait tourner. A nouveau on pouvait dans l'île s'aimer et s'embrasser, s'amuser, travailler.

Et comme les gens du Grand Continent avaient aussi en s'en allant, abandonné un cinéma parlant, tant bien que mal les indigènes le firent marcher, histoire de voir ce qu'il y avait dedans.

Tout simplement des actualités, des défilés militaires, des documentaires sur la chasse au paon.

Alors ils firent le cinéma eux-mêmes, comme ils faisaient leur pain.

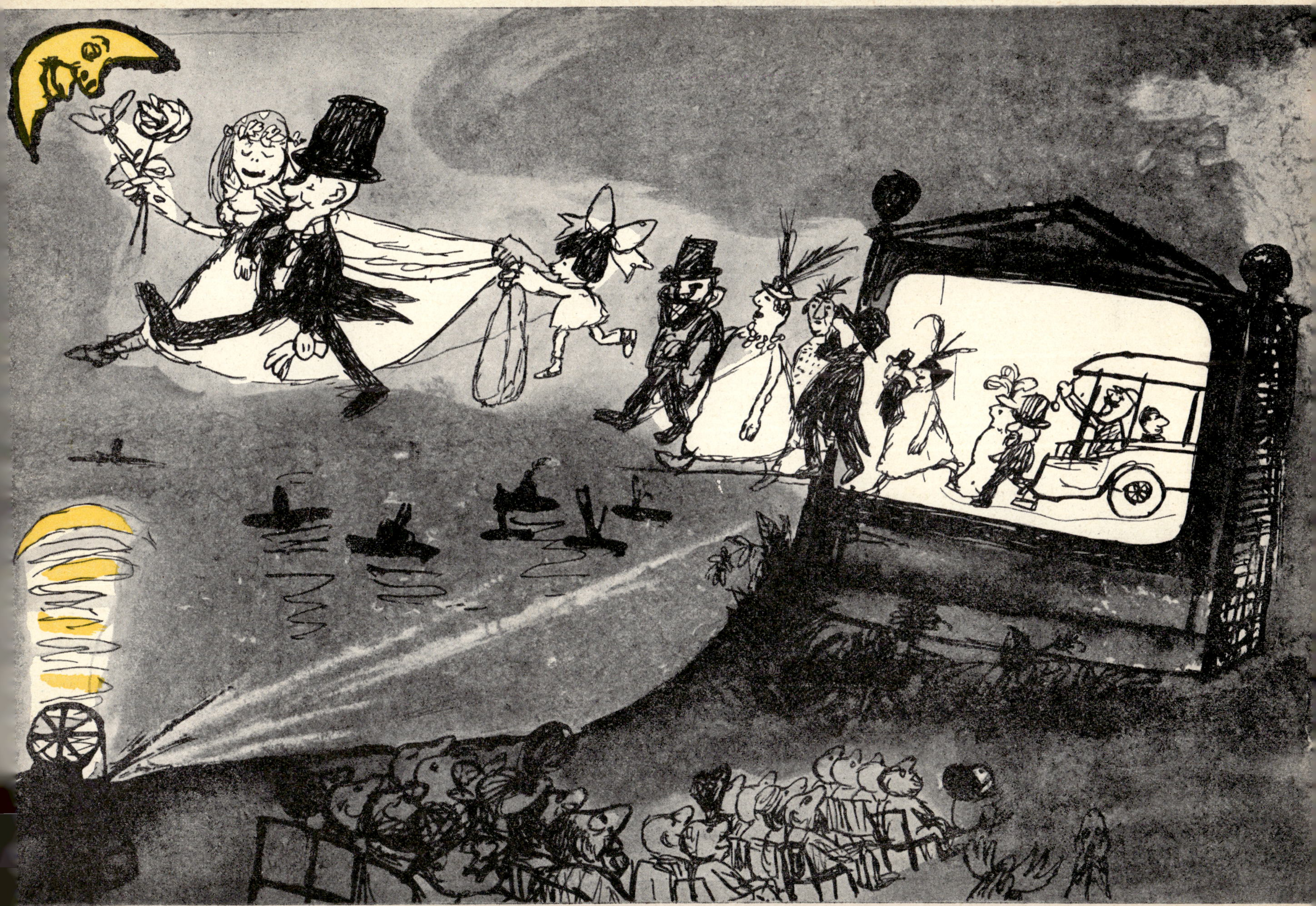

Et sur le grand écran blanc, tout en haut d'une falaise, ils voyaient défiler, éclairé par la lune, tout ce qui leur passait par la tête, tout ce qui leur venait du cœur.

Quelquefois c'était beau, quelquefois c'était triste, quelquefois c'était drôle, mais toujours ça chantait en noir et en couleurs.

Et tous étaient heureux dans leur île, les uns l'appelaient la Nouvelle Ile Heureuse et d'autres, tout simplement, l'appelaient l'Ile Comme Avant.

Jacques PRÉVERT

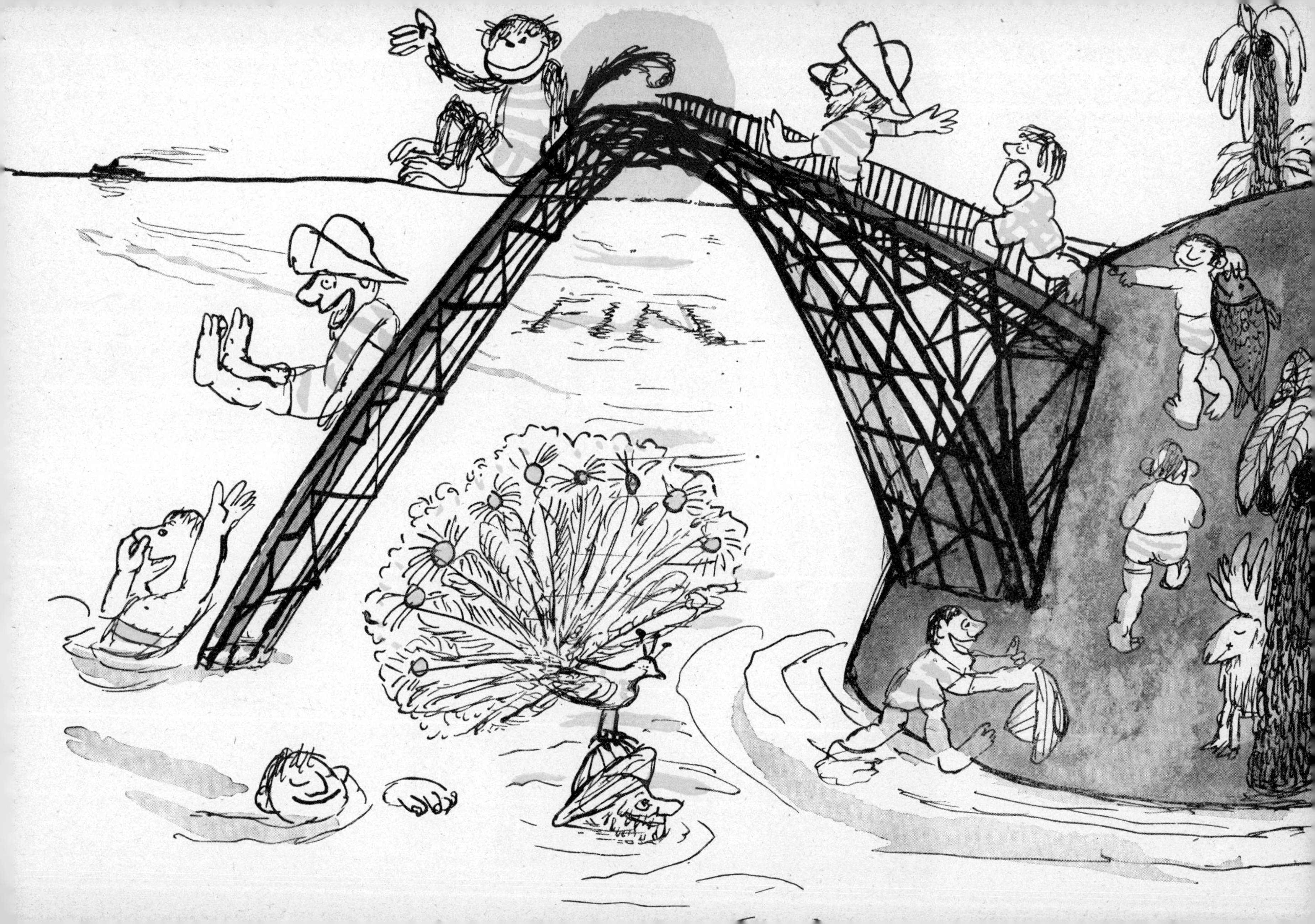
FIN

ACHEVÉ D'IMPRIMER
PAR BRODARD ET TAUPIN
COULOMMIERS-PARIS
Le 30 Novembre 1952
Dépôt légal : 4ᵉ trim. 1952
Nº d'Édition 3111
Imprimé en France

jFr. closed
Prevert stack

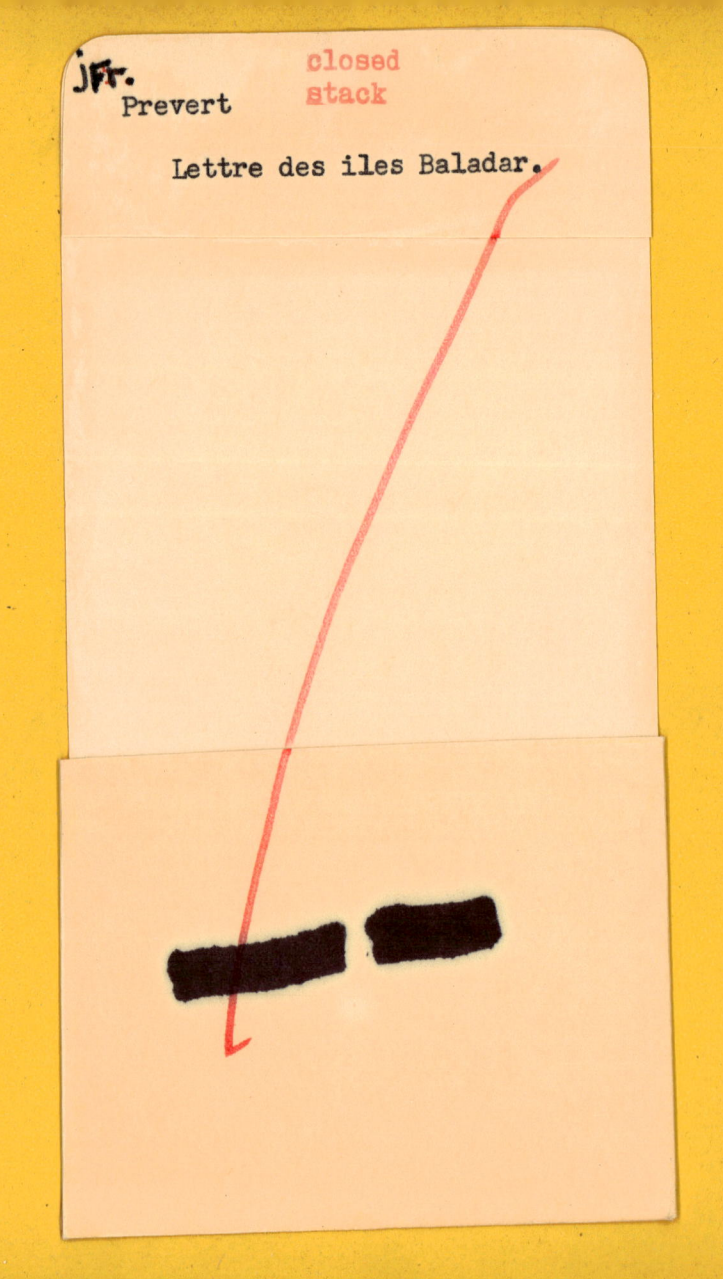

Lettre des iles Baladar.